麦肯锡经营战略系列

麦肯锡无边界
时代经营战略

[日]

大前研一

等 ——— 著

范丹 —— 译

天津出版传媒集团

天津人民出版社

图书在版编目（ＣＩＰ）数据

麦肯锡无边界时代经营战略 /（日）大前研一等著；
范丹译 . —— 天津：天津人民出版社，2018.6
　（麦肯锡经营战略系列）
　ISBN 978-7-201-13349-2

　Ⅰ.①麦… Ⅱ.①大… ②范… Ⅲ.①企业战略 - 通
俗读物 Ⅳ.① F272.1-49

中国版本图书馆 CIP 数据核字 (2018) 第 085810 号

麦肯锡无边界时代经营战略

MAIKENXI WUBIANJIE SHIDAI JINGYING ZHANLUE

出　　版　天津人民出版社
出 版 人　黄　沛
地　　址　天津市和平区西康路 35 号康岳大厦
邮政编码　300051
邮购电话　（022）23332469
网　　址　http://www.tjrmcbs.com
电子邮箱　tjrmcbs@126.com

责任编辑　赵　艺
装帧设计　园　里

制版印刷　三河市华润印刷有限公司
经　　销　新华书店
开　　本　710×1000 毫米　1/16
印　　张　22
字　　数　300 千字
版次印次　2018 年 6 月第 1 版　2018 年 6 月第 1 次印刷
定　　价　68.00 元

写在《麦肯锡无边界时代经营战略》发行前

　　麦肯锡经营战略系列从第一部《麦肯锡现代经营战略》开始，已连续发行了《麦肯锡成熟期成长战略》《麦肯锡成熟期差异化战略》《麦肯锡变革期体制转换战略》；而作为第五部推出的则是本书《麦肯锡无边界时代经营战略》。

　　借此新版发行之际，作者将在卷头采访中谈谈"如今经营战略所必需的技能与条件"。

good. book 编辑部

大前研一特别访谈

全球意识所必需的是"触觉"和"时间"

眼下企业决策者最需要什么？最需要三大技能——全球意识（Global）、金融意识（Finance），以及 ICT。在成为决策者之前，这三点必须刻意去学习和培养。其中"全球意识"尤为重要，这是无法只靠听讲座就能学会的知识，你必须到各个国家，亲眼观察每个国家的国情。

近来常有些立志将来要成为总经理的年轻人向我发问："我接下来应该学些什么？"假设有位年轻人，今年 25 岁，决心 50 岁当上总经理，那做白领就很好，因为公司会支付薪水，他可以一边领薪水，一边花 25 年时间学习怎么当总经理。

如果我今年 25 岁，刚进入公司工作，我会向公司申请每隔 5 年外派我去一个不同的国家。如今被认为今后发展潜力巨大的市场大约有 10 个，而在我们年轻时就只有一个美国，当时美国是全世界最大的市场，所以只要设法朝美国市场发力就好。

最近 10 年要数中国市场了，眼下就一个宗旨，即想方设法在中国市场赚钱。可放眼未来，光聚焦美国和中国是不够的。如果想成为新生代的总经理、想在 10 年 20 年后当上总经理，就必须把目光放到其他国家上。

什么是其他国家？拿亚洲来举例，我认为印度尼西亚算得上第一重要，而菲律宾和孟加拉国也不相上下。此外，泰国向来被大多日本企业视为第二个国内市场，相关经验也积累了不少。越南这个国家，尽管有不少企业进驻，却行进得极其艰难，因为它与中国有点相似，问题不少。所以类似印度尼西亚、菲律宾那样人口在 7000 万、1.5 亿或者 2 亿的国家，更适合作为目标市场。个人认为，规模像土耳其这样的国家都有必要纳入视野。

上述类型的国家就是我所说的小型市场，建议未来想当总经理的人，可以前往上述类型的地区各体验 5 年，借此来获得"触觉"。触觉的掌握与否非常重要。

就说土耳其，你不必学说一口流利的当地语言，却必须对土耳其人的思维方式了若指掌，明白他们在不同情况下最可能做出的反应。然后，至少得交上 5 ~ 10 个当地的朋友，遇到不明白的事情能立刻打电话向他们请教。并且当自家公司想在当地做些什么的时候，你能介绍当地人和公司。与上述国家构筑起这样的人际关系网，这是件重要的事。

我偶尔也会在中国台湾地区做顾问，还在马来西亚当了 18 年的顾问，也经常被印度尼西亚邀请。印度、土耳其也频繁找我做演讲。说到菲律宾，我经常去那里潜水游泳，不觉间与拉莫斯总统有了交情，因为他也酷爱潜水运动。就这样，我与这些国家和地区有了非常亲密的关系。

韩国和中国台湾地区，我各去过大约 200 次，中国大陆也去过 100 多次。我去过美国大约 400 次，工作内容大半是帮助日本企业进入美国。这就是我在最初的 20 年里所做的事情。

从这层意义上来说，我个人不得不通过顾问这份工作去理解各个国家和地区。我在这些国家和地区结交了许多朋友，也构筑了人际关系网。

综上所述，我认为对于今后的决策者而言，成为除美国和中国以外的其他国家和地区的专家，这点相当重要。

所谓全球意识，关键还是要亲自去体会某个国家。能否把握 10 个这样的市场，将决定公司最终能否成为具有全球意识的企业。

日本企业有个习惯，那就是在总经理之下设立各地区总部，比如欧洲总部、亚洲总部、美洲总部，等等。不过，这种公司发展不好。

原因很简单，当我们在说诸如"亚洲总部"的时候，其实它并不会起到实际作用。人们会先把中国总部单独分离出来，然后把其他亚洲国家笼统归为"亚洲",再把亚洲总部开在新加坡,说什么"又向亚洲靠近了一步"。那么要把印度尼西亚置于何地?菲律宾怎么办?这么做解决不了实际问题,因为他们之间根本没有共通点。

所以说只能选择单一市场再去单一进攻。笼统地以"亚洲"这个抽象的地理名词,姑且放一个什么亚洲总部长,这是不行的。什么叫作业务,抛开这些大胆宣布"未来 5 年我们要成为印度尼西亚货真价实的 NO.1",这才叫作业务。假设你弄个北美总部,或者美洲总部,然后把总部放在洛杉矶,靠这就能拿下哥斯达黎加了?我想说的就是这个。

所以,要是真心想推进全球化,那请你先在包括南美在内的整个美洲大陆上,说出三个想要开发的市场。如果回答是加拿大、美国、巴西,那请你选出人才去脚踏实地地做这三个地方。在经营决策者必备的三个技能"全球意识""金融意识""ICT"中,最需要花时间的要数具备全球意识。我个人在马来西亚工作了 18 年,花了相当长时间才真正学会了全球意识。要是想跳过这一步,就必须找一群精通这方面的人才。有人说我英语好用不着担心海外问题,或者我资金充裕,所以这次选中国,等等。不能这样说,我没见过哪家公司因为这些要素就迅速成长的。把公司做大,并不是件简单的事。

综上所述,如果你想掌握全球意识,唯一的方法就是花时间,去能够学到这些知识的国家的公司任职,为自己打造独特的职业经历,一边领工资一边学习,又或者与公司紧密结合,踏踏实实地融入企业的 20 年计划中。也有人年纪轻轻前往海外就获得成功的，但那大多也是在某一个国家的成功。比如在泰国获得成功，在老挝获得成功，不可能有谁一上来就在整个亚洲获得成功的。我的意思是，在海外构筑人脉推进事业，不是件轻松的事。

金融意识 = "与市场对话的能力"

另一项重要技能是金融意识。

金融意识，指的是为"企业的股票"考虑。一家企业的股价体现的是企业的健康程度，相对于未来的价值。股价的定义，是指某企业在今后继续经营的基础上，其目前资产价值的即时价总额。所以再回过头来看股价，"与市场对话的能力"就显得尤为重要了。

我的意思是，一直以来资金都由财务部门全权负责，企业需要钱的时候去找财务部长，财务部长再去银行提请："追加100日亿投资。"好似拧水龙头从自来水管放水一般。可现在，要有哪家企业再用这种做法，就会被认为很愚蠢。基本上来说，如果不懂资金的操作方式，那公司的股价很有可能跌掉 50%，甚至被大量抛售。

要问为什么，原因在于那些持有公司股票的人，从来就不是你亲密的伙伴、合作方，或者银行，而是全球机构投资者。全球机构投资者不光注重公司的未来发展，更长期持有用于支付养老金的资金等。如此一来，只要分红能高于银行存款，那么即便未来盈利能力出现若干问题，经营也能维持下去。

而一旦当这种做法行不通的时候，股票就会被抛售。如果你有一笔资金，你会如何使用？是用于分红、购买自家公司股票，又或者进行积极投资呢？你必然会经受这些考验，而这也就是"与市场对话的能力"。

这可不能让财务部长做决定，在自己当上总经理之前，必须彻底掌握这些技能。

金融意识对于决策者而言是最重要的技能之一。

决策者必须拥有"ICT 意识"

要说第三个领域是什么，答案是"ICT"。

身为决策者不能不了解 ICT，但这并不是要你亲自去编程，而是你至少要知道，目前 ICT 都能做些什么。为此，你需要去了解全世界至少 10 个左右拥有最佳实践方案的公司，如 Inditex，他们拥有全世界最好的体系。

从 Inditex 最具代表性的品牌"ZARA"就能看出，他们的市场中有些国家常年酷热，有些国家常年寒冷，也有沙漠国度、热带国家。他们有能力在必要时将商品快速送抵这些国家。优衣库不一样，他们是事先决定明年秋天推出这些款，然后一口气订个 3,000 万件。而正因为之前没有 Inditex 那样的体系，我才对柳井正说："最好能研究一下 ZARA 的体系。"

我曾亲自跑到西班牙西北部拉科鲁尼亚的 Inditex，要求参观他们的体系。我在西班牙也出了不少书，所以对方很热情地为我做了全部展示。我看到位于六本木的 ZARA 踩着时限订购的商品，在 24 小时内被送到了日本。

对方也让我看到了他们之所以能做到的理由——那一套体系非常强悍，是丰田流的准时制生产体系（Just In Time）和类似 FedEx 的物流体系完美运作的产物。

于是我说"你们把丰田的 JIT 搬到了服饰行业上"，对方回答"我们找的是丰田的顾问"，从业界人尽皆知的丰田那里学习了这样的做法。再说 FedEx，他们实际使用的是 DHL，但据说是从联邦快递（FedEx）身上学习的。

不仅如此，假设我告诉 Inditex 现在东京流行"斜裙边"，对方就能在一周内制作出来并出货。包括设计事务所之类的环节在内，我也都去参观过了，感觉这套体系果然厉害。日本的任何 IT 承包商都做不出相同的一套体系，因为这是他们自己花心思特别定制的。

日本企业在此类物流系统 IT 化方面，落后得太多。如果问为什么，原因就在于决策者让 IT 负责人来负责这类业务。而 IT 负责人并非物流专家，就找到 IT 承包商。于是 IT 承包商说"物流应该这么搞"，拿出 20 年前遗留下来的技术开工，最后做出来的东西根本没什么用。

总之，决策者想培养出 ICT 意识，就像我刚才所说的，有必要亲眼看看 10 个左右全世界最先进的体系。懂的人和不懂的人，或者说懂这方面的公司和不懂的公司，在这个领域花费的成本会相差 10 倍以上。此外，拥有 ICT 意识还能提升速度，避免积累过多库存。也就是说，ICT 对企业的盈利及成长有着决定性的影响。要说这影响有多大，只有去看看世界最先进的体系才能明白。

如果时间条件和经济条件不允许你亲自前去参观的话，也可以在网上搜索，大部分信息网上都有，你可以先把它们好好学一遍。比如，看看日本同行的体系，与国外同行中最先进企业的体系有什么差别。将此设为自己的课题，花个两三个周末闲暇时间就能弄明白了。

比如 ZARA，网上随便就能搜到很多信息；又比如思科系统公司的系统，也能轻易搜出大量信息。你可以如此利用休息时间来锻炼自己的感觉。这件事在成为总经理之前必须做，等当上总经理之后再学就晚了。要是只知道给相关部门下命令，那你只会让自己成为牺牲者。

第一代经营者的强悍之处

日本有很多企业，比如索尼等，都可谓进入了"终末期"状态。那么这类企业今后应该如何发展？不仅索尼，松下、日立也都一样。要我说，这些企业的经营者都是职员型经营者。他们与"二战"后第一代经营者不同，没有创造出新的东西。不创新就没有活路，放眼全世界一目了然，正在成长的公司永远在创新。如果创新不能占到公司总业务量的 1/3，公司无法发展壮大。企业要生存，创新能力是不可或缺的。我曾就职于日立,日立其实具有创新的底气,只是私以为决策者并不具备足以激发这种创新力的能力。

若想实现真正的持续发展,还是需要大胆创新。日本目前的经营者这方面力量过于薄弱,他们不够随性。看看日本"二战"后第一代经营者,索尼也好,松下也好,本田也好,他们就相当强悍,敢于几乎不计后果地创造新事物。

例如本田,现在的本田是世界第一摩托车生产企业,但在"二战"刚结束时,日本的摩托车厂商多达 260 家。生存至今的只有 4 家,雅马哈、本田、铃木、川崎,最终只有两家堪称业内巨头。他们从国内的激烈竞争中脱颖而出,发展壮大。本田开始开拓全球市场时,已具备了独一无二的实力,才成了世界第一摩托车生产企业。

然而本田宗一郎却表示,想生产汽车。当时的通产省闻信,阻止道:"日本的乘用车公司已有 9 家,美国只有 3 家。日本国土狭小,以铁路为主,不需要什么汽车,不要再介入了。"

不过当时正巧出台了限制汽车废气排放的马斯基法。正当人们为排放问题焦头烂额之际,本田却凭借新开发出的 CVCC 发动机打入汽车业界。当他们在国会宣称"我们公司做到了"的时候,再没有人出来阻止。本田正是抓住了这样的机会。

所以说本田宗一郎的创新力是非常强大的。

这样的创新能力,第一代经营者中的每一位都具备。比如三洋,它的名字意味"三个海洋"。三洋对于海外市场非常重视,也进入许多发展中国家，创造了大量新市场。

夏普的起点，源自于创始人早川德次所发明的，具有划时代意义的商品——自动铅笔。

松下也是从生产双口插座开始慢慢创造新商品的。尽管松下电器长年被人戏称是"仿造电器"，但企业本身的创新实力照样相当雄厚。要我说，这家公司卖的就是创新，比如松下连锁店，建立这种组织行为本身就是革新。现今社会任何一家出色的企业，都和"二战"后的第一代十分相似。

比如三星的李健熙会长，就是看着那个时代成长起来的。三星强就强在营收相当于韩国 GDP 的 20%，之所以能做到这点，原因在于对企业的决策不是和人商量出来的，而是决策者根据个人意志决定的，这与"二战"后第一代日本经营者几乎一致。李健熙是在日本受的教育，并受到那些人的熏陶，这方面与当时的松下极为相似。

再看中国台湾地区，台湾地区有两家公司，一是张忠谋创办的半导体制造公司 TSMC，二是郭台铭创办的鸿海精密工业。这两家公司同样是在唯一决策者的带领下运作的，不存在商量，全凭决策者一个人独裁者似的意志决断。

成长期的日本企业采取的做法，常常是把目标定为"如何把前人做过的事做得更快更好"，再在此基础上一边协商一边推进。长此以往，能够像一名独裁者一样做出决策，并且具有全球意识、金融意识、ICT 意识的决策层越来越少，而这就是问题所在。

习惯规避风险的现代经营

对于创新而言什么最重要？当然是承担风险。貌似日本的专利申请数量本身不少，但这和创新没关系。专利这东西没有任何意义。我以前在日立工作，公司规定每个工程师每年非申请一项专利不可，这有什么意义？回顾这 20 年里出现的、足以撼动全世界的企业中，日本企业有几家？建议诸位思考一下这个问题。这方面美国力压群雄。再来看看，这些美国企业中谁的贡献最大？首先是美国人，其次是以色列人、中国人、印度人，最近俄罗斯、白俄罗斯等东欧人也开始冒头。一个日本人也没有。

在日本出生长大的人，不可避免地看着前人的背影成长，也遵循了"枪打出头鸟"这一传统。或许在成长期这种做法没有问题，但眼下的时代，已是非打破这个传统不可了。

只有能做到破而后立的人才能雕琢时代，也就是英文中的"Shakers & Shapers"，首先要做的是撼动。曾经在成长期以承担风险为战略的日本企业，目前越来越倾向于规避风险。大多数日本人都不愿意承担风险，这是个极大的问题。

那么，是不是日本人向来天生无能呢？当然不是了，刚才我也说过，"二战"后的日本人勇于承担风险。我们曾经面不改色地做的那些事，在美国人、欧洲人看来简直不可思议，他们纷纷表示"能不能让那些日本公司别发疯""真搞不懂他们在想什么""我们无法理解冒险家"。就拿雅马哈的川上源一来举例，他建立了投资高于自身资本金的工厂，借此大举进军钢琴市场。这种做法，连钢琴生产的本家德国也大吃一惊。

鲁莽也好，随性也罢，总之"二战"后的日本涌现出一大批这样的人。现在的日本人错就错在太谨慎。无论日立、索尼，还是松下，都谨慎过了头。这样谨小慎微的日本根本不足为惧。从这层意义上来说，还是李健熙他们够随性。随性说白了就是独裁，目前爆发式成长的企业领导人都是独裁者。

那我们应该怎样创新？这因企业而异，但必须尝试。我会做众包，而且未来不止众包，要获取众包的成果。我会把公司分成三部分，打造一支支以创新为目的的部队。我不要求所有人都去创新，必须有一部分人守成，一部分人开拓，还有一部分人去破坏，在此基础上去创新。必须有所分工，不能要求一个人把所有事都做了。此外，在思考创意的阶段，破坏者是必不可少的。但想在公司内找出这种人才非常困难，因为大企业中大部分人的人生轨迹都很类似——考入好大学，获得优秀成绩，进入知名公司。那么在他们的"群体选择"中，"创新"就排在了最后。他们天生具备这种特性。

命令一群这样的人努力创新，实在是强人所难。他们没有这种经验，也不具备这种染色体。他们自幼生长在一个只有考出好成绩才能取悦父母的环境，而当进入大公司，却被要求否定前任、去搞破坏，又怎么可能做得到呢？这简直就好比要求猫咪汪汪叫一样。所以，要么找外面的人完成这项工作，要么趁早从外部将有此类经验的人纳入公司，就是这么回事。

综上所述，想将来成为决策者，就得趁早锻炼全球意识、金融意识、ICT 这三项技能，外加创新能力。在今后的经营中，时刻留意这些要素是企业发展的关键。

2014 年 6 月

序　言

大前研一

本书是由月刊杂志 *PRESIDENT* 连载的《麦肯锡世界报告》修改编辑加工而成。

如今重新回顾该连载时，我不禁庆幸自己属于麦肯锡这个世界新团队。在连载的第一回就写明了麦肯锡公司在世界各地的事务所共有 4,000 人以上的工作人员，本身的工作除了顾问咨询之外，还会长期进行某项研究。其中大部分未公开也未出版，仅用于提高员工知识水平，共享研究成果，也就是 R&D 报告。它以报告书或摘译或通过电脑邮件的形式，能在任何地方搜索到。我作为公司内最贪婪的一位读者，习惯于浏览这些研究成果，因此我所接触的新鲜情报比别人多一倍，并从中受到了不小的刺激。此外，我还会打电话与笔者进行更深一步的交流。正因为身处世界性团队麦肯锡公司，才能了解世界的潮流。

这些研究中，有很多东西我都想介绍给日本读者，也希望以自己的见解来进行解说。在与PRESIDENT社的守冈道明总经理与石井亨先生进行讨论后，他们邀请我从个人的观点来解说世界各地工作人员的研究成果并尝试在杂志上连载。但老实说，当时我有些犹豫。

首先是因为原文为英文，在解说之前必须请人翻译。但这一点由本公司的年轻员工（每章末尾有介绍）每月分担翻译解决了。对他们而言，做这种为我擦屁股一般的工作绝对谈不上愉快，但我却借此机会获得了每月与五位年轻工作人员一对一工作的机会，所以借此机会对他们表示感谢。

第二则是我并不适合解说他人的论文。由于我所从事的工作一直是"如果是我的话会这么做"或"我会这么想"，所以在解说其他人的研究时，很快就会以自己的思维发散。但守冈道明总经理并不认为我针对同一主题单独发散我个人思维是件坏事，所以最后统一为每个主题前半部分为我的意见，后半部分则是研究论文的摘译这种形式。

由于答应了连载，原本最少每月写一个新主题的我再也难有这种空闲，预定外的"时间"支出让我烦恼不已。因为海外出差也很多，我在这之前别说杂志连载了，连定期出演的电视或广播工作都没接过，结果一下子接了18回的连载。

好了，对于本书的内容，我先做一些注解。

　　首先，我最满意的是第四章的德国问题。这一内容如今都算是旧闻了，但此文刊登时是 1990 年 7 月，当时别说日本了，就是在德国都没有敢于像我一样出言指责的人。

　　此文主旨出现于同年 4 月的德国斯图加特，全欧洲的大企业领导者聚集于麦肯锡主办的会议中，但没有一个人表示赞成（这时的我认为苏维埃联邦和国家都无法存续）。我将此写成论文，表示"德国做出了政治性和情感性的决策，接下来必须忍受社会性和经济性的负担"，并寄往德国国内的多家报社和出版社。但本公司德国事务所的结盟企业认为论文内容太过黑暗和悲观，纷纷表示反对，最终并没有采纳该建议。

　　然而同年的 10 月 3 日，德国统一，《纽约时报》在统一当天联络我说希望在特别专栏刊登该论文。但就在刊登前一天，总编曾深夜打电话询问我："听说该论文其实并不是为《纽约时报》撰写的，而是半年前就已经写好了，是真的吗？"我回答道："是的。"对方顿时哑然了。我本身并非为《纽约时报》撰稿，而是为公司员工做参考而写成的论文居然会以这种方式呈现并引起轰动，也是我没想到的。

　　总之，当年 6 月刊登于 PRESIDENT 杂志上的这篇文章已经成为唯一的"时代证明"。如今，当初反对在德国报纸上发表这一论文的本公司德国结盟企业，仍然震惊于德国居然按报告上所说的一样演变。我认为这是由于当时作为"当事者"，也就是接近现场的人在观察力方面欠缺冷静。如果这是其他国家（或其他公司）发生的事，也许还能客观看待，但事关自己的公司和国家，恐怕就很难保有作为第三者的客观性了。对于这一点，我也引以为戒。

本书的其他章节，比如第 10 章和第 12 章从完成以来已经过了一年半有余，但今天读来依旧适用。遗憾的是由于日本当局认识到政策不当晚了一年以上，导致对策错误陷入被动局面，现在采用景气刺激对策反而让房地产萧条的情况浮出水面。而我所认识的经营者中不少人早已在一年之前就开始担忧资产萧条到来，并提前做好了准备。

具有敏感的直觉并位于公司中枢位置的经营者与经济学家以及政府当局之间难道真的有如此之大的现状认识差异吗？这种想法让人不寒而栗。经济与情报的无边界化明显让宏观经济学家和狭隘的政府当局国家主义者更为陈腐化。所以希望还沉浸在"日本"所创造的各种"神话"（土地、股票、经营等）中的人们或企业能熟读第 1、2、6、7、8、11、13 章。

时代对于日本企业而言显然已经是逆风了，但这并不是什么坏事，或者说曾经的顺风不过是世界性的恩赐。今后才是真正体现经营能力的时代，它需要以放松管制、自由竞争为前提条件，而是否能基于过去普遍的手法和价值观在主要国家展开经营才是问题所在。这方面请各位参考第 1、9、15、16、17 章。

此外，以此为前提，国家和企业都应该接受同样的洗礼，在第 18 章中所写的行政简化的问题将是如今先进国家共通的课题。

阅读本书后就会发现，经营者决不能在这次的资产萧条中退缩。

全世界的经营者都已经对放松管制、市场开发、无边界化、技术革新等发起了勇敢的挑战，只有日本的经营者倾向于缩小平衡、结构调整和合理化，显然是不行的。欧洲与美国已经先行一步，日本今后必须考虑两方的平衡。只有两方齐头并进的企业才能成为 21 世纪初期的胜利者。

最后对杂志连载时 PRESIDENT 编辑部的石井亨先生和帮助我将其集结成册的书籍编辑部的村田由美子小姐致以衷心的感谢，谢谢你们无私的努力。

写于飞机上

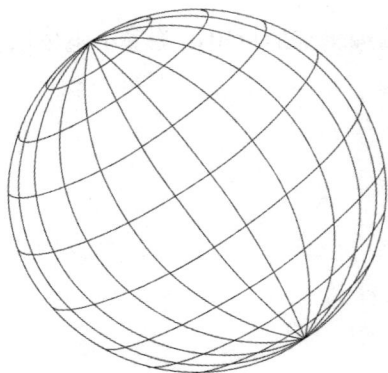

目 录

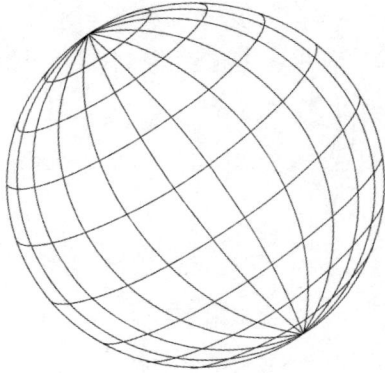

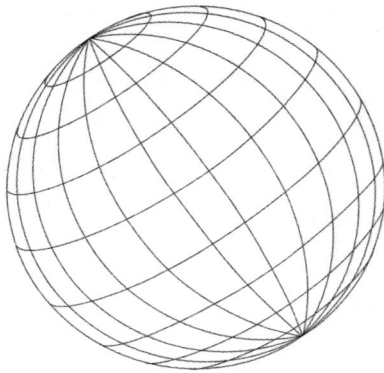

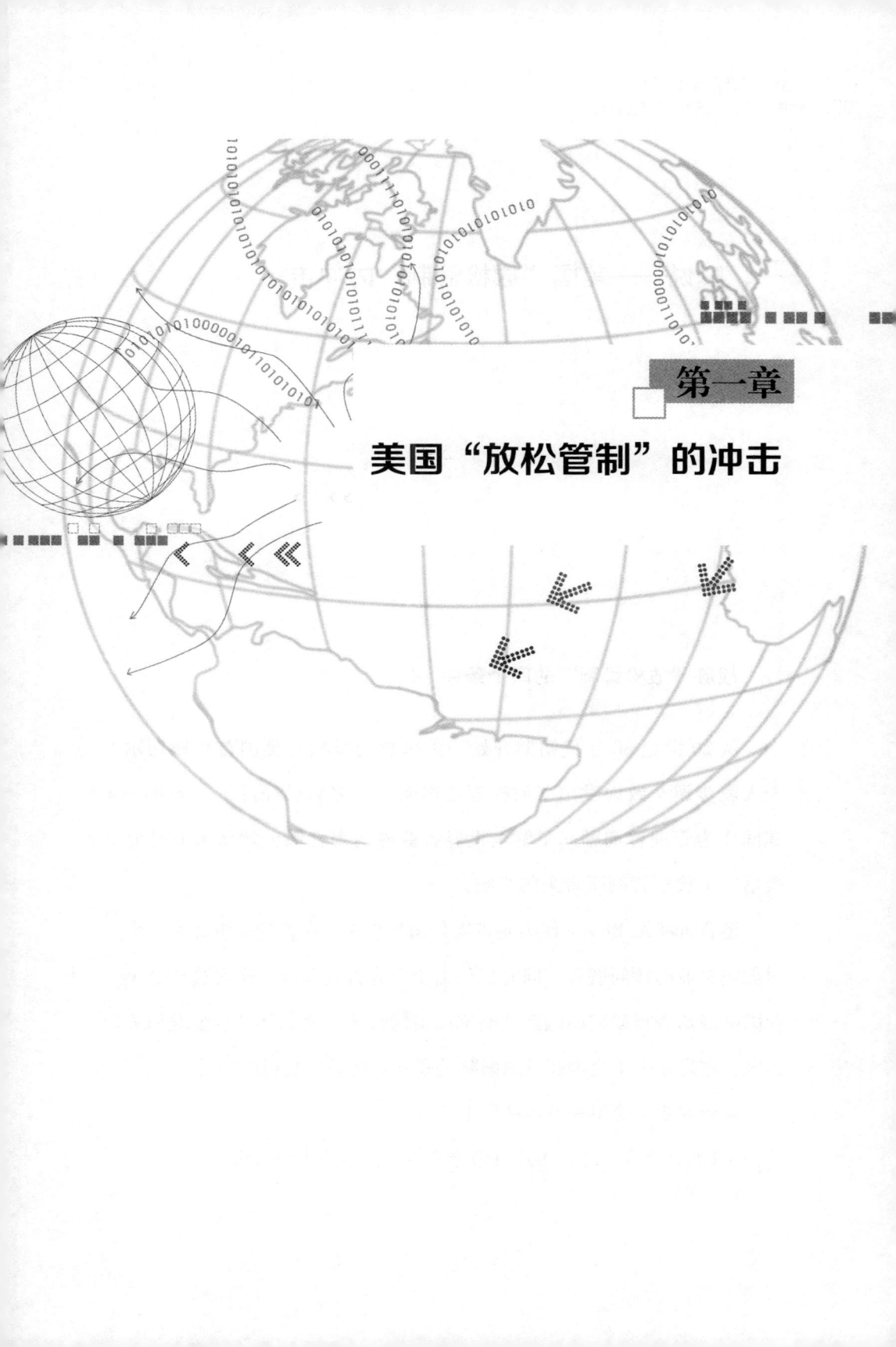

第一章

美国"放松管制"的冲击

一、解说——美国"放松管制"的冲击

战胜"放松管制"的四个条件

从 20 世纪 80 年代初期开始，美国总统里根与英国首相撒切尔夫人就步调一致地发出了放松管制声明。那之后已经过了十多年，其间作为管理咨询顾问了解全世界各业界的麦肯锡公司认为有必要概括一下放松管制所带来的影响。

笔者 Joel A. Bleeke 作为麦肯锡公司负责人，在芝加哥事务所负责对美国企业的顾问咨询，同时担任由全世界百人以上工作人员针对企业国际战略进行研究的国际战略部门美国代表。他尤其了解金融相关领域，在发表关于金融商品的国际关联性的优秀论文后广受关注。

其研究成果简单来说包括以下三点：

（1）放松管制能给用户方带来利益，大半企业将失败。

（2）以往的弱者与新加入的弱者共同掉队的结果将导致寡头垄断化进一步加剧，生存下来的胜利者将能通过寡头垄断享受比以前更高的利益。

（3）无法获利的用户，也就是弱者，将被企业抛弃。

此外，经营者应该从该论文中学到的要点是："在最初的五年间尤其应当制定灵活的价格战略对策，也就是无论如何都要从价格战中胜出。在该考验中，弱者将被淘汰。之后的五年目标则是根据市场细分来进行战略转换。"

生存下来的企业分为以下四种类型：

（1）针对广泛领域，提供大范围产品和服务的大企业。

（2）在新进入某领域时卖的是低成本商品，但逐步设定产品和目标市场，对产品进行差别化处理。

（3）以高价提供高规格服务，虽然限定范围，但目标定位高级客户。

（4）利用规模利益，给尽可能多的竞争企业提供设备和设施，分散固定费用。

日本的应对也会产生新的摩擦

里根和撒切尔都为了加强本国企业的活力而推行放松管制，但背后也有动摇对立政党的支持基础，谋求政权稳定的意图。这与中曾根康弘首相行政改革采用了民营化这一更容易让人接受的词，但同时巧妙地削弱了日本铁路公司集团等协会有异曲同工之妙。

有一定历史的大企业与恪守规则的企业的联合能力较强，而新加入企业大多没有加入企业协会。随着新加入企业的发展，联合性越强的企业越容易破产。为什么呢？因为这种企业缺乏应对变化的能力，且由于员工数量多，其平均年龄较高，薪资水准也高，在成本方面处于竞争劣势。

另一方面，大多数消费者能够享受服务提供、费用降低等放松管制带来的好处。因此，该政策受到了大多数国民的支持。

有国民作为后盾，削弱对立政党基础的图谋当然获得了成功。这一事实已经被美国的共和党、英国的保守党政权长期执政证明了。

然而，并不是所有一切都能如这两人所想的一样受益。在国内虽然达成了削弱对立政党的目的，但放松管制导致本国企业经营内容恶化，接连被海外企业收购。这是意料之外的副产品。

实行放松管制的两国企业虽然经营能力增强，但大半企业财务状况恶化。而并没有推行放松管制的日本、德国、瑞士等国家的企业由于受到规则保护，所以即使在国际性经营能力上有劣势，但财务和经营状态却比较良好。

因此，在国际竞争力方面没有经营能力优势的企业反而能收购通过放松管制具有经营能力的企业。这种事态在先实行放松管制的美国表现出新的不公平，这一问题也开始引起美国政府和企业高层重视。

1990 年 2 月 8 日和 9 日，麦肯锡公司在纽约召开会议，邀请了美

国电话电报公司、强生、纳贝斯克公司、美国证券交易所等美国代表
性企业的会长和美国通商部的代表皮尔斯等政府高官。

在该会议上发表了本章论文,出席者全都因其深刻的内容大受冲
击。因为论文中概括的内容表明他们原以为极好的放松管制不仅没有
达成最初的目标,甚至成为美国国际竞争力降低的原因。

Joel A. Bleeke 的论文全文发表于 1990 年 9 月 10 日的《哈佛商
业评论》[当时刊登的标题是 "*Strategic Choices For Newly Opened
Markets*(新开辟市场的战略选择)"]。该论文不仅在美国国内,在
全世界,尤其是有统合问题的欧洲造成了巨大的轰动。

在经济的国际化进一步发展的现在,放松管制不应当仅在一国实
施,至少先进工业国必须设置类似多国间讨论自由贸易问题的乌拉圭
圆桌会议这种围绕放松管制进行商讨的场所。

无国境经济曾经一度发展到全世界采用同样的(或者说公平的)
经济规则来运营,但又再次回到了区域化的封闭经济形态。前者凸显
了日本企业的弱点,后者则显著缩小了日本企业的市场。

所以日本不能回避放松管制的问题。首先,日本应当通过该论文
学习美国和英国的先例。但不要误解本书的内容,认为这是不应推行
放松管制的论据,而应当研究先例,实施比这两国更完美的放松管制
政策。

为此,日本政府要熟读我们的论文,有必要的话,还应活用麦肯
锡公司所提供的美国产业数据库,实行能给用户和消费者带来利益且

无寡头垄断的放松管制政策，在日本立刻着手研究。此外，日本企业经营者也不应疏忽，要思考如何应对放松管制。

否则，如今在日美之间成为一桩悬案的构造协议将更为恶化，造成严重的问题。

大前研一

二、摘译——在"放松管制"中生存下来的企业及其教训

这篇拙文所写的意见是以 1989 年起一年间麦肯锡公司针对美国航空、长距离电话服务、公众信息服务、私人电话交换机等领域实施的放松管制政策所进行的分析作业为基础。

本文想阐述的主题是：经营者能从美国的放松管制中学到什么；生存下来的企业有什么特点；这些企业的行动形态是怎么样的。

应当从放松管制中学到的东西

美国的放松管制指明了以下六个要点：

（1）由于放松管制政策，新加入者数目巨大。以航空业为例，在放松管制政策后的 10 年间共有 215 家新航空公司加入市场。而在放松管制之前的 40 年间没有一家美联邦认可的新加入企业。

在这样的经营环境下，不仅是新加入企业，所有企业都将直面艰难的事态。航空业在放松管制后的 10 年后生存下来的企业中，新加入企业

仅有当初的 1/3，但令人惊讶的是，连原有企业也仅剩 44%。

（2）由于新加入企业的登场，使该产业的收益性显著降低。新加入企业大多是以低成本为武器，基本只有原有企业成本的 40% ～ 50%。这种只称得上是最低值的成本构成让新加入企业最多只能占据10% ～ 15% 的市场份额，却会摧毁市场的价格体系。所以关键点不是新加入企业有较高市场占有率，而是它们会让市场价格体系崩溃。

（3）即使是曾经具有最高收益的领域，在新加入大量竞争企业的情况下，其魅力也将很快大幅降低。航空业中，即使是芝加哥飞纽约这种摇钱树航线，机票费用也下降了 42%，而以前利润较低的短距离航线价格却大幅上升。

（4）同一产业领域的企业间利润差异也剧烈扩大，特别是放松管制政策初期的几年间尤为显著。而这并不是因为上层企业的业绩变好，而是由于下层企业的业态恶化。在美国航空业，前 25 家公司的利润与最后 25 家公司的差距在放松管制后的五年间扩大了两倍以上。

（5）企业的合并与收购（企业并购）能刺激其他公司的收购欲，让拼命追赶急速成长中的对手的企业焦急，从而被带动。

（6）处在放松管制领域中的企业会重点关注本公司的活动领域，导致其他部门的分离或独立。由于新加入企业侵食具有吸引力的领域，那么原有企业只能抱紧难以提高利润的事业。

在放松管制的市场中获得成功的美国企业的特点都是重视了以上六个要点。因此，也请各位去验证应该采取怎样的措施，思考在放松管制政策下的成功战略。

怎样的企业能生存下来

回顾放松管制后的 10 年，会发现生存下来的企业包括四种类型：

（1）针对广泛领域，提供大范围产品和服务的大企业——其中的典型企业有美国航空、美国运通。但由于需要巨大的事业规模和极高的经验，所以这类企业数量很少。

（2）在新进入某领域时卖的是低成本商品，但逐步设定产品和目标市场，对产品进行差别化处理的企业——代表性企业是中途航空和嘉信理财等。它打败了固执坚持低成本、低价格战略的企业。不过由于其特征还是价格，所以模仿它的新加入企业源源不绝。

（3）以高价提供高规格服务，虽然限定范围，但目标定位高级客户的企业——J.P. 摩根公司和地方银行等是其成功案例。

（4）利用规模利益，给尽可能多的竞争企业提供设备和设施，分散固定费用的企业——典型例子是金融信息服务领域的路透社和标准普尔及餐饮（供餐）公司。

这四种类型的成功企业所采取的战略在放松管制后的几年间，以及之后的时期都有很大改变。

虽然领域不同、战略不同，但在最初的五年间，所有企业都要努力熬过业界重组和初期淘汰的考验。之后则是幸存组之间分栖共存的巩固地位时期。因此在最初的五年中，灵活的应对（尤其是在价格战中）是成功的关键。而下一个五年则主要是重新构筑放松管制后一度瓦解的寡头垄断体制。

通过广域事业发展获得成功的企业

这里所说的针对广泛区域，提供大范围产品和服务的企业属于生存下来的企业中的第一种类型。这些企业包括放松管制时代的新型巨大多国籍企业。

这种类型的企业在放松管制后的初期五年应当重点进行以下工作。

首先削减成本，积累资金。之后全力确立当地市场的寡头垄断体制，确定统治地位。根据我们的分析，原有企业很难将成本削减至以低成本为武器的新加入企业的水准，但大幅削减成本依旧是最重要的课题。美国电话电报公司在 1984 年到 1988 年间削减了 20% 的员工数，美国航空则是第一个将公司的薪水体系对半分的企业。

此外，早期目标是实现服务差别化。MCI 通讯公司与美国 Sprint 公司主要为都市间提供高品质的通信服务，大胆地铺设数字化光纤。

再者，还要仔细商讨价格政策，找出不受新加入企业的低价攻势影响的领域。这时应当研究特定市场的价格弹力与成本性价比，将制定合适的价格作为重中之重。美国电话电报公司重新审视了利润高、需求旺盛、面向对费用极其敏感的企业用户群体的费用体系，且最早采取的措施是不让 MCI 通讯公司和美国 Sprint 公司等新加入企业抢走顾客。

放松管制后的初期阶段，价格的灵活性之所以重要，是因为新加入企业既然将目标定为利润较高的领域，那么原有企业就应当尽早制定对策，维持本公司的地位。

而要构建新的营业系统，就要利用低成本的手法。美国航空公司就通过与地区航空公司缔结合约，导入新购买飞机的低成本金融，实现了资金负担的最小化。

在初期阶段避免过度的资金负担是关键所在。放松管制后的初期阶段最容易犯的错误是对企业收购和新设备投入巨额资金，之后则可能陷入收益低下的状况。其典型就是航空业的布兰尼夫国际航空公司。

接下来的五年间应当留意的事情首先是再次扩大业态，尽可能制定新的方针来构建寡头垄断体制。

在放松管制的美国航空业界，集中飞各主要都市的路线、采用利用电脑来进行管理的系统、对熟客给予折扣等都对加大市场影响力，成为价格领导者十分有效。

寡头垄断的复活是各业界共通的现象。在航空业界前八位企业所占据的市场份额从放松管制前的 80% 增加至现在的 92%。

要将进入本企业地盘的新加入对手驱逐出去，确保利润，就得根据顾客制定详细的价格设定战略，同时利用某个部门，设定强势的价格体系。

以美国的放松管制经验为基础，广域事业发展型企业要确认的项目有以下几个：

（1）是否彻底贯彻了成本管理？此外，除了一部分例外部门，是否清理了无利润部门？

（2）面对从世界各国加入的竞争企业，是否在成本方面还具有竞争力？

（3）当竞争激化时，能否变更本公司的价格政策？

（4）本公司现在的规模是有利的还是不利的？是不是有更好的扩大规模的方针？

（5）面对强有力的竞争企业，本公司是否能在主力市场上维持价格体系和收益率，从而巩固基础？

（6）当新加入企业让竞争激化时，能多大程度地确保高收益领域，维持压倒性的市场份额？

第二个关键是低成本战略

生存下来的企业的第二种类型是以低成本为武器进入市场，并获得成功。

这种企业在下一个五年间应当具备从市场中获得的经验，以及价格之外的竞争力，对特殊的部门投入精力，开始集中目标的战术。虽然当初通过成本削减实现比原有企业低40%～50%的价格并以此进入市场，但仅凭此战术生存下来的新加入企业并不多。

并且不仅原有企业会进行反击，后续的新加入企业还会采取更为低价的战略来进攻。而即使是新加入企业也会在成熟过程中提高构造性成本，其结果就是新加入企业也要开发差别化服务，以求更广泛的事业发展。

这些以低成本战略为武器进入市场的企业在初期（最初五年）的重点首先是以放松管制前利润最高的领域（原有企业用从该领域中获

得的收益来支撑收益较低的其他部门）为目标。

此外，将正式员工数量控制在最小的限度，通过压缩间接成本来节省建造成本。这种新加入企业的成本构成与原有企业几乎完全不同。比如新加入企业的员工大多没有实行团队化，特点是低薪资水准和灵活的雇佣制度。另一方面，制造和流通机构也进行简化，用以压缩成本，并且会进一步合理化公司机构，给予仅有少数员工的现场负责人相当大的裁决权。

以低价为焦点，全力进行宣传活动。在初期阶段，这些新加入企业只专心应对低价产品的供给，不提供多余的服务，总之就是以最低价决胜负。

不可忘记的一点是：本公司不会提供一切东西。以低价战略攻入市场的企业倾向于尽可能地将工作外包的倾向。

还有就是不追求急速成长。Peoplexpress Airlines（人民快捷航空）之所以露出破绽就是因为过于急速扩大规模，将本应留给价格竞争的资金用光了。

总之，新加入企业要在初期阶段获得成功的关键就是限定事业领域，并在该领域集中投入精力。

下一个五年应该制定的方针首先是重新审视价格与所提供服务的相关性。几乎所有领域中以低价战略进入市场的企业在经过一段时间后都会变身，这就是找出新的利基市场。Midway 航空就是在该领域生存下来的少数新加入企业之一。该公司在初期阶段以低价战略稳固地位，如今则变为强调服务质量，尤其是针对顾客的便利性。

　　另外就是维持在价格方面的优势。随着时间的流逝，新加入企业也将面临员工高龄化数量增加、内部成本提高等问题。但成功的企业即使在放松管制 10 年之后，也能贯彻对开支的严格控制。

　　并且还要尽可能地避免在广域事业发展企业的主要市场与其竞争。大半的新加入企业为了生存会利用来自其他部门的收益，使用充沛的内部资金进行长期战，避免与原有大型企业的价格战争。

差别化战略也是一条成功之路

　　成功企业的第三种类型是以针对特定顾客提供特殊产品为武器新加入市场的企业。这种企业的价格设定绝对不低，但其战略是通过所提供的服务实现差别化。属于这一类的包括信用卡公司和欧洲的高级车制造公司。在放松管制的初期阶段，他们将重点放在了开拓目标顾客层上。之后则致力于新产品和新服务的开发，以此获得成长。

　　这种差别化战略企业在初期阶段的活动首先是开拓并不在意价格的顾客层。

　　接着则是产品销售的基础准备。采用差别化战略的新加入企业针对特定顾客层提供大范围的产品是常态。

　　此外是开发顾客信息服务。如果是采用低价战略的企业，大多不会使用顾客信息系统，但采用差别化战略的企业则十分重视顾客信息与顾客水准。

　　构筑与顾客之间的个人关系也是不可或缺的。对于差别化战略的企业而言，与顾客之间的关系性是实现差别化的手段之一，也是打消顾客的低价意愿的必要方式。

在下一个五年要继续推行初期阶段的战略。与广域事业发展企业和低成本战略企业不同，采用差别化战略的企业在放松管制的五年之后也不用大幅改变基本方针。只要在初期阶段开拓了利基市场，确立了与顾客之间的关系性，那么就无须改变路线，继续发展该战略即可。这也可以说是差别化战略具有吸引力的一面。

那么首先以开拓的领域为基础，在相关事业领域的市场中有选择性地进行事业扩张。这类的典型例子就是弱小的地方银行会扩张到活动区域的临近地区。

另一方面，通过寻找检验服务质量的新对策来改善服务。实行差别化战略的企业会通过在第一线接触顾客来长期检验服务质量，并以此管理时间重组、数据输入错误、顾客的不满反馈等。

另外还需要提供价格正当化的新产品。比如年会费比一般的信用卡高，但用户购买商品的保障期比以往更长，或者设定较高的额度等附加价值。针对高收入人群的信用卡等就是其中范例。

设施、设备的共同利用也是极具吸引力的选项

成功企业的第四种战略是设备的共同利用。这是新加入企业或其他竞争对手通过提供规模利益的优势，实现在共同使用者之间分摊成本的手法。虽然在任何产业领域导入这种战术的余地都不大，但对于能做到的企业而言，这确实是极具吸引力的选项。

大家普遍认为在放松管制初期阶段，能在各领域生存下来的只有一小部分是大企业，但当时被忽视的是让所有参与企业都能享受规模利益的服务业十分发达。

为全世界实时提供政府债券、外汇信息和金融市场信息的Telerate（德励财经）给中小型贸易商也提供了能同等享受规模利益所带来的信息收集的机会。Telerate 的每股收益率至 1989 年为止的五年间平均上升了 30%。

属于这一分类的企业在初期阶段要面对的课题是首先明确这是需要巨额固定费用的大规模事业，新加入企业或中小企业无法独立开发，但能找出可分散化的事业。

另一方面是成本折半，以提供一次信息为条件，寻找能开发共有设备的盟友。这种事业在初期阶段要与盟友联手，从大用户中获得坚实的顾客层并提供服务。Telerate 当初的目标是浸透大型的交易大厅，并在之后获得了成功。

在之后的五年，共同利用方式在该业界已经成为常识。

放松管制后的五年间，许多同业的其他公司也提供了不少颇具吸引力的服务，但由于维持服务所需规模过大，缺乏竞争力的企业都被淘汰。最后形成的模式是具有能在大范围分散成本的能力的大企业才能生存。

为了长期维持利润和客户层，在必要的时候可以考虑将一部分服务转卖给其他业种。比如选择性地要求用户参与资本，以此继续留住顾客。

以一种好的方式来维持与顾客之间的权力关系也很重要。由于这些企业往往是追求巨额收益，所以容易遭到顾客反感。于是要维持收益基础，除了赚钱之外还必须提高顾客服务。而开发盟友只要没有陷入为新的竞争公司出现而疲于奔命的状况，就能设定较为灵活的价格。

PRESIDENT 编辑部

原题 "Europe 2002:Lessons from U.S. Deregulation"

作者 Joel A.Bleeke（芝加哥事务所主管）

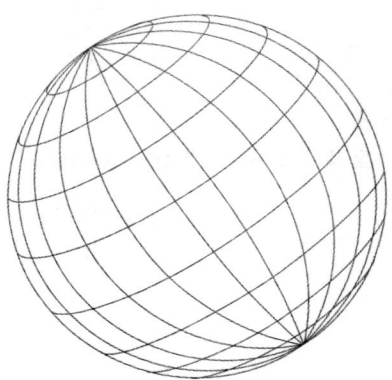

第二章

"美国企业无法在日本取得成功"的弥天大谎

一、解说——"美国企业无法在日本取得成功"的弥天大谎

日本市场封闭论的误解

麦肯锡公司东京事务所的员工凯文·琼斯对在日外资企业的实际状态进行了详细研究。

因为在日本进行活动的外资企业所面临的问题与日本企业进驻海外时需要直面的课题相仿，所以本章将对这些要点分以下四个项目进行报告：

（1）在日外资企业进入日本市场时的竞争力之源。

（2）进入的具体方法。

（3）成功进入后所遇到的危机（mid-life crisis）。

（4）跨越危机的秘诀。

在这之前先说明为什么麦肯锡公司对于在日外资企业的活动产生兴趣。

20 世纪 80 年代初期，抱怨美国及欧洲、亚洲等国家和地区的外资企业要进入日本市场太过困难的呼声极高。

然而据我们的顾问经验来看，在日本获得成功的外资企业数量却明显上升。

我们认为，外资企业在日本成功与否的关键在于是否具有相关经营能力，也就是在进入市场的战略和维持竞争优势方面是否有能力差距。

1982 年，麦肯锡公司与 ACCJ（在日美国商工会议所）合作，推出了《日本市场：进入其中的障碍与机会》的报告书。

其内容针对的是：①在日外资企业的活动实态；②成功企业与失败企业的不同，换言之就是在日本市场获得成功的关键；③进入可能性较高的领域是什么。

首先调查在日外资企业的活动状况就会发现实际情况并不像各国所抱怨的那样，当时已经有 2000 家外资企业成功进入了日本市场，并且和国内企业一起占据该业界前三到四位的企业也不在少数。

这一结果与我们的顾问经验一致。因为迄今为止我们参与外资企业进入日本的战略企划顾问咨询时，并没有感觉进驻日本市场有多难。在确立市场竞争优势的难度上，国内企业与外资企业并没有差别。外资企业进驻日本其实并没有遇到太大的差别化待遇障碍。

或者说正因为进入市场只有在一般形式上的障碍，所以已经进驻市场的外资企业收益更高。相反，如果毫无障碍的话，那么外资企业会比国内企业更早地降低收益率。成功进入市场的关键在于经营能力，接下来的小故事就能体现出这一点。

在该报告书中，我们以医疗服务与电影的录像带出租领域为例，介绍了外资企业进驻日本较难，但在经营方式方面有望获得充分成长的领域。

看过这篇报告书的美国某电影公司总经理曾给我打过电话，委托我担任咨询顾问。

"现在我的公司想进入日本市场，但是进展不顺，希望你能证明这本书中所写的内容。"

接受咨询顾问的结果是在一年半的时间内，该外资企业在日本的销售额增至原来的4倍，证明了跨越市场本身障碍的关键是经营方式。

日美之间"浸透度"是均衡的

之后，麦肯锡公司又进行了两方面的努力。其一是认为人们有必要了解事实，于是将该报告分发给美国国会议员和媒体机构等。

其二则是在东京事务所创建了"FAC（外资企业）中心"，并在此构筑数据库，用于今后的分析。后以凯文·琼斯为中心，于1984年开始活动。

数据库以《财富》杂志的美国500强、海外500强、美国及海外各 50 强银行、欧洲企业 500 强、在日本活动的所有投资银行，以及拥有 300 人以上员工的在日外资企业为对象，包括在日本发展事业的总计 1,320 家公司。该数据库如今仍可用于了解企业实态的分析。

关于贸易摩擦，我一向认为日美之间存在统计上的贸易不均衡，但在"浸透度"方面却是均衡的。这一理论也是源于数据库。

"浸透度"是前述的《日本市场》报告书中初次使用的理念，指日美两国企业在彼此国内的生产、销售额上加入两国彼此输入的金额。

美国企业在日本的生产、销售总计在该报告书完成的前一年，也就是 1981 年当时共 439 亿美元，再加上从美国输入的 256 亿美元，那么展现美国产品的浸透度的金额则是 695 亿美元。

这一数据与日本产品在美国的"浸透度"为 696 亿美元基本相同。结果显示，日美之间的"浸透度"是均衡的。1985 年又再次进行过调查，结果依然相同，而这正是贸易不均衡论达到巅峰的一年。

之后，凯文·琼斯的团队在充实在日美国企业数据的同时，又追加了欧洲企业的数据，其结果显示在日本的外资企业"浸透度"其实达 GNP 的 10% 以上（图 2-1）。

此外还发现了一个惊人的事实，那就是除了荷兰和比利时等经济规模较小的国家以外，包括美国在内的其他任何一个发达国家的外资企业"浸透度"都没有日本这么高。

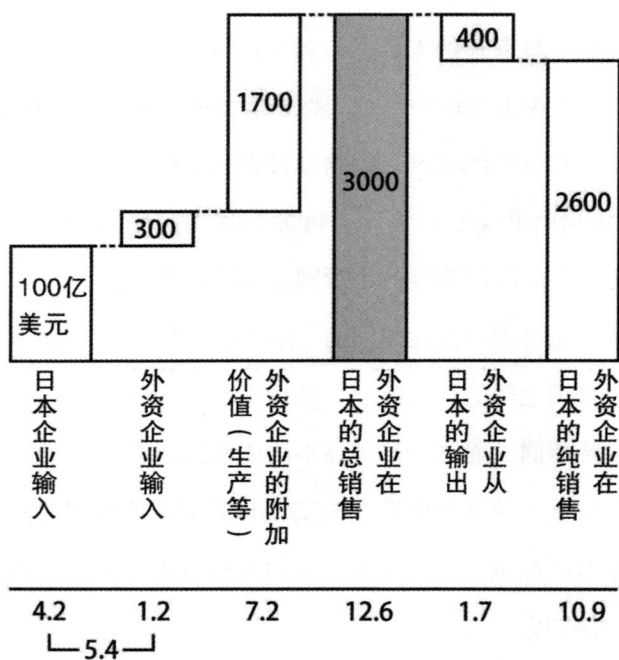

注：1987年日本的GNP为2.387万亿美元。1美元=142日元。
资料来源：经济计划厅、大藏省、麦肯锡FAC数据库。

图2-1　1987年在日外资企业的销售额（单位：亿美元）

另一方面，对数据库的数据进行若干推算后可知，在日外资企业每年从日本进行 400 亿美元的输出。但这一数据在统计上被分为"日本的输出"。

这种浸透度的国际间的正确比较将是今后的课题。但日本政府不应该只从输出输入金额的多寡来评论贸易问题，而应当积极地将多国籍企业的实际状态告知合作国家。

此外，不认真了解这类事实，却与其他各国进行"国家利益大减价"一般的贸易交易（比如在半导体领域达成 20% 的一致意见，在汽车领域设定进口目标数量等），我认为违反了政治和行政对国民的义务。

外资企业容易陷入危机

以凯文·琼斯为中心的研究团体并不仅限于对外资企业进入日本市场问题的研究，还指出在日本成功的外资企业很容易陷入危机。

那是指成功进入市场后所遭遇的危机，他称之为 mid-life crisis（倦怠期的危机）。

以科技或日本没有的商业理念为基础的初期成功条件也会随着时间的推移开始被其他竞争企业模仿，从而丧失市场优势。

当然，即使经营内容恶化，初期获得了成功的经营者也不愿意改变经营手法。另一方面，由于相信本公司在当地已经成功，往往会只发号施令而不从精神和物质两方面提供援助。这种外资企业就会陷入危机。

　　详情会在后述论文中介绍，但直面这种危机时究竟应该如何应对？这与日本企业在海外发展事业时并没有什么不同。

　　其本质问题都可归纳为国际企业在当地化的过程中，究竟应该如何经营本公司，对当地应该怎么给予独立性，世界企业该怎么运营，等等。

　　在这个意义上，本章所介绍的论文中的宝贵案例既是在日外资企业进行各种错误尝试的历史，也可作为日本企业真正转变为世界性企业时的参考。

　　总之，在日本这样竞争激烈的巨大市场中的外资企业获得成功的原因也可当作日本企业转变为国际性企业的条件。

大前研一

二、摘译——在日本取得"胜利"的外资企业条件

进入日本市场的成功模式

如今在日本市场活动的外资企业前 100 强中的 80 家企业都是 1975 年之前进入日本的。为什么呢？因为 20 世纪 60 年代到 70 年代中期，日本与欧盟发达国家之间存在着经营差距。于是凭借科技落差与新型商业理念进入日本是典型的成功模式。以下将按类型来进行介绍。

技术的优势

前 100 强中的 60 家公司都是凭借科技实力进入日本的。比如在电脑等办公设备领域，以领先日本数年的科技实力作为其竞争优势的企业包括美国德州仪器公司、惠普、霍尼韦尔等。

在外资企业占据 20% 市场份额的化学品领域，联邦德国的涂料

和颜料相关科技则成为关键。此外，近年美国通用电气、塞拉尼斯公司及德国的西斯特化学公司则凭借在工程塑料方面的技术进入了日本市场。

在医药用品领域，瑞士、联邦德国、美国的企业也依靠科技差距进入日本，现在实际上已经占据了 45% 的市场份额。

新商品或日本没有的新理念

此外，前 100 强中的约 20 家企业则是凭借全新的商品或商业上的新理念成功进驻日本市场。

以新商品成功进入市场的代表性领域是食品相关领域。

雀巢在关东大地震之前就已经开始努力开拓日本的咖啡市场了。经过长年努力，在日本咖啡市场终于崛起的 60 年代，雀巢就已确立了不可动摇的强势地位。

要将全新的商品带入日本市场，如何配合日本国情是获得成功的关键所在。

麦当劳考虑到日本消费者一般不开车，而是步行来店，于是不采取和美国一样的郊外型店铺展开方式，而是在城里广开店铺。

肯德基的日本合作企业是三菱商事。依靠三菱商事所拥有的丰富不动产情报，它才能迅速地开设店铺。

也有企业是凭借日本所没有的经营理念获得成功的。采用这种方法的企业一边与认为"这是在践踏日本市场传统做法"的当地员工、与日本合作企业的强烈抵抗作斗争，一边贯彻公司长期的、根本性的方针，以此取得成功。

可口可乐公司拒绝与之合作的日方宝特公司主张的传统批发销售网，坚持用可口可乐自己的销售渠道巩固了日本市场的地位，可口可乐为了彻底让宝特公司贯彻自己的方法，还从美国派遣了 100 多名员工，花 5 年时间对其进行教育。

雅芳在进入日本市场时，推出了名为雅方小姐的销售员，并且以每隔几周就发行新目录的独特推销方式取得了高收益。因此当雅芳总公司准备放弃日本法人时，它虽然仅有 3%~4% 的市场占有率，价值却高达 650 亿日元。

安利也用和雅芳类似的直接销售方式取得了成功。通过避开原有的高成本流通机构，销售额从 1983 年的 50 亿日元急速提升至现在的750 亿日元。

这些都是外资企业凭借全新的商业理念成功进入日本市场的案例。

利用法律规则、海外网络和资源确立优势

在日本活动的外资企业 100 强中有 12 家公司是利用法律规则、海外网络和资源，或者这三者的组合来进驻日本。

大多数金融机构不仅会依靠日本国外的网络，还会利用法律法规。花旗公司当时就是通过提供日本金融机构所不允许的外币贷款（由资金用途自由的美元设立的贷款）来占据了竞争优势地位。

此外，花旗公司还利用海外网络，在 70 年代在逐步扩大的贸易业界融资中确立了优势。

保险公司也依靠日本国外的网络，与日本交通公司合作，以此进入了日本市场。

合资是最佳的进入方法

进入日本的方法中最多的是 joint venture（合资）。至 70 年代初为止，直接进入日本市场是受限制的，这也是导致合资较多的原因之一，但其理由不止如此。实际上，70 年代中期，规则放缓之后，合资的比例虽然暂时下降了，但在 80 年代又再次上升至 50% 左右。

合资公司存在着与母公司的交流及倾向性等组织上的问题，那么外资企业为什么会选择这种形态呢？原因主要有以下三点：

第一是更接近流通机构与消费者。合资能利用日本合作方所积累的经验，收益较大。在日本，由于交叉持股、从制造到销售的品质管理容易承担连带责任等原因，选择"一体整合"的企业很多。在这种情况下，仅凭价格上的优势是无法进入市场的，于是需要通过日本合作企业为其补充"外资企业的缺点"。

第二是优秀的人才与劳动力。在日本，一般最优秀的人才会进入引领业界的公司就职，并且不愿意跳槽。因此，新进入的外资企业要物色优秀的人才十分困难。另外，原企业不用对在日管理花费精力，只要寻找到了解日本企业的合作方即可。

第三是容易在短期内提高销售额和利润。

这些理由都是合资受青睐的原因，但除了合资以外，满足以上三点的战略性选项还包括收购这一方法。不过日本由于交叉持股等问题，收购这一手段比较难以实现。

mid-life crisis（倦怠期的危机）

依靠技术差距与新理念顺利进入日本市场的外资企业还将面临接下来的困难。

由于技术和理念会慢慢地被竞争对手的日本企业了解，从而导致外资企业失去竞争优势。另一方面，日本企业比外资企业更清楚市场和消费者习惯，所以外资企业会逐渐陷入被动状态（图2-2）。

比如富士施乐至70年代中期利用静电复印术（Xerography）专利获得了高额利润，但日本竞争企业以湿式小型复印机产品为武器侵食市场。此外，宝洁（Procter & Gamble）利用一次性纸巾开拓了市场，一时间甚至占据了100%的市场份额，但尤妮佳和花王很快在技术上追了上来，并且凭借对流通战略与消费者需求的了解，一时间将宝洁的市场份额降至10%。

发展阶段

1	2	3	4	5	6
依靠技术与理念进入	急速成长时代对手也在成长,与此同时,日本的竞争	识远超外资企业差距,且对于市场的知日本企业迅速缩小技术利润骤减	●●●重视市场需求同化交给日本日本人管理	与总公司的冲突(一拉锯战一)	日本人管理者退出

收益率(%)

外国人管理的时代	日本人管理的时代	外国人管理的时代

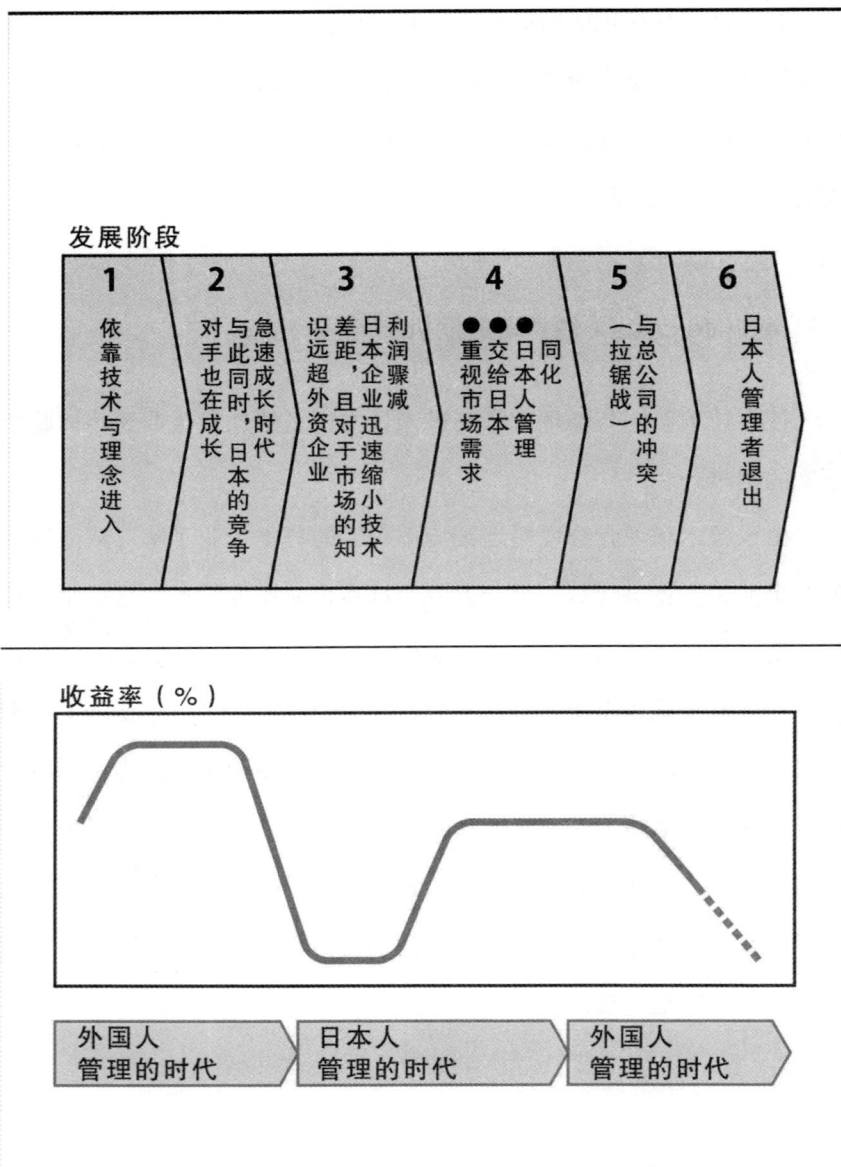

图 2-2　外资企业在日本发展的盛衰规律

在这一阶段，外资企业可能会面对是否退出市场的选择。一些撑不住的企业则选择同化（当地化）战略。这时，外国人管理干部回国，日本人升职。由于日本管理者善于应对日本市场，大多都能取得暂时的成果。

然而这种体制也会引发问题。总公司由于让权给日本法人的理由会暂时静观发展，但随着失败的增多，不信任与挫败感会提升。其结果就是日本管理者退位，总公司再次派遣并不了解情况的人前来接手。

这完全是走回头路。并且由于竞争比以前更加激烈，无法理解的市场情报将进一步增多。

不懂当地情况，甚至连语言都不通的人根本解决不了问题。

真正的对策应当从总公司而非日方着手。让总公司的领导者前往日本，亲眼看看日本的运作流程。

比如美国强生就是将一名领导者派往日本，负责直接指挥。IBM的做法也属于这一类。这样一来，在日本也能站在公司整体的立场，利用全公司的经营资源，应对当地市场需求，迅速做出决策。

要在世界规模的竞争中获胜，就必须将总公司功能做世界性的配置。这种思维方式可能并不容易被"儒家思想"较强的分公司干部接受，他们认为"问题是在日本这个局部产生的，那为什么必须让遥远的总公司也参与其中呢？"

但在如今日益激烈的竞争环境下，要在局部战中获胜，就必须制定全球化的对策。

维持竞争优势的关键是"两个 C"

外资企业要维持竞争力，就要利用自身优势，也就是世界规模的经营资源，同时快速且细致地应对日本市场。因此"两个 C"是很重要的：第一是 Competence——也就是中枢的决策能力；第二则是Capability——也就是当地的战略执行能力。

（1）所谓中枢的决策能力（Competence），是指判断日本的机会与危机，迅速做出正确决策的能力。然而令人遗憾的是，许多企业不仅没有提高决策能力，甚至比以前更慢了。

当日本的重要性较低时，一般会给予日本分社较大的权限，从而能在日本实现迅速而准确的决策。

然而当日本变得越来越重要之后，最重要且复杂的案子往往需要获得总公司常务会的认可。在某些极端情况下，比如电子工程企业的领导人会每年造访一次日本，对重要案子做出决策。

为了满足"在日本实现快速且正确的决策""有效利用该公司世界规模的经营资源"这两个要求，IBM 在 20 世纪 80 年代初所采取的方法是将原本覆盖亚洲太平洋地区的总公司功能转移到东京。

（1）在日本（当地）的战略执行能力（Capability）方面，很大程度上依赖于人才。但由于日本采用的是终身雇佣制，外资企业要确保拥有优秀的人才并不容易。加上外资企业往往将人才培育交给当地人事部负责，所以重视国际性人才开发的企业很少。

将经营资源转向日本也非常重要。比如从 R&D（研究开发）来看，外资制造商的前 100 强几乎都拥有日本研究所。这样就能在初期阶段将新技术转给日本，在完成最终产品时，也能得到更适合日本市场的东西。

但仅凭研究开发中心的转移是不够的。考虑到日本市场对品质期限的要求十分严苛，在日本拥有工厂也非常重要。不过由于日本的劳动成本高昂，这一点很难得到本国常务会的认可。

要提高战略执行能力，就要培育人才，在日本设置研究开发中心和生产据点，从而尽快应对日本市场的动向，建立应对体制。但是这些举措只是不败的必要条件，却并不是取胜的充分条件。外资企业如果不能很好地利用本公司的全球化经营资源，在日本发挥出本公司的优势的话，也无法在竞争中获胜。掌握将本公司的世界性网络所到之处所开发的新创意、商业理念或者科技尽快转移到日本的经验，这是非常重要的。

这里所讲的要点同样适用于进入海外的日本企业。所谓的 mid-life crisis（倦怠期的危机），就是在"全球化企业活用全球化资源""具有快速的市场应对能力"这两点无法同时满足的情况下产生的。

总公司与当地的拉锯战和交流问题也是日本企业的共通问题。将"外资企业"替换为"日本企业"后，日本企业也能从在日外资企业的轨迹中学到不少东西。

小川政信

原题 "The FAC Dilemma:Surviving Middle Age in Japan"

作者 Kevin K. Jones（东京事务所员工）

第三章

日本企业"EC 一体化"
战略的死角

一、解说——日本企业"EC 一体化"战略的死角

日本企业改变企业组织

以 1992 年末为目标期限，随着 EC（欧洲共同体）的统一，诞生了巨大的统一市场。此时的企业又将以怎样的方法实现欧洲组织的统一化呢？

包括之前进出欧洲的企业在内，在这一区域活动的企业都是分别在欧洲的各主要国家设置公司组织，而总公司给予这些组织决定权，使其进行独立的运营。

然而当 EC 成为单一市场之后，改革传统的组织运营方法迫在眉睫。不过想要立刻废止各国分散的组织，将所有权限集中到欧洲总部则显然是无视现状的谬论。

如何让总公司与其他组织之间保持最佳平衡？应该针对欧洲总公司（European Headquarters）的统合进行重组，是否需要进行组织重建？

这些问题如今依旧备受关注。

麦肯锡公司从客户方面收到过多次委托，咨询应当针对 EC 一体化采取怎样的对策。于是为了处理该问题，公司 6 年前在布鲁塞尔新设了有别于麦肯锡事务所的欧洲中心。

麦肯锡公司之前也按国别进行咨询顾问的组织活动，但由于难以应付所有工作，所以新设了欧洲中心，来处理一切泛欧洲问题。

企业该如何针对 EC 一体化进行组织重组呢——以此为主题的本章论文是由伦敦事务所的诺曼·布莱克维尔、法国事务所的皮特·查尔鲁特，以及欧洲中心的德彼特·亨利这三个人为中心，总结研究成果而成。

共同作者中的诺曼·布莱克维尔曾有过作为英国前首相撒切尔夫人的高级智囊团成员活跃于政坛的独特经历。

对英国官僚制度绝望的撒切尔夫人为求政策立案，向伦敦大学的某教授求助，从联合利华、皇家荷兰壳牌和麦肯锡等企业挑选出 7 位最优秀的年轻人，组成了政策小组。撒切尔将该小组设在唐宁街的首相办公室附近，避开竖向分割行政的弊端，将这个年轻小组的意见作为政策批判与立案的助力。他们会直接前往城市和农村，针对新推出政策询问国民是否能接受，并通过听取意见来改善不足之处。

我也曾经多次造访过该小组，参与头脑风暴。可以说撒切尔夫人所推行的一系列改革政策都离不开这个政策小组。

以此经验为基础，诺曼·布莱克维尔既有从政府角度考虑 EC 一体化究竟会如何发展的经验，又有作为咨询顾问的经验，所以论文编撰也是以他为中心。

本章论文的主题是面对 EC 一体化，企业按国别构建的组织应该如何整合到欧洲本部中。如果这仅仅是单纯地将组织一体化整合到欧洲本部的话，那么这种形态将无法细致地应对包括法制体系与税务体系在内的各国各地区的具体情况。

此外，由于欧洲大多数企业都不采用欧洲共通的品牌、泛欧洲品牌，而是采用按国别制造品牌的国家品牌政策，所以品牌政策问题也会浮出水面。

比如 sandoz 这一瑞士医疗药品公司所制造并销售的健康饮料（类似雀巢的 Milo）在某个欧洲国家叫作"Oval Martini"，但是其他国家却以"Oval Tin"的品牌名销售。这种问题该如何解决将是今后要面对的难题。日本企业松下电器也在不同国家分别使用了"National""Panasonic"这两个品牌名。

此外，进出欧洲的多国籍企业还面临财务和税法上的问题。由于现在国别组织强势，所以将欧洲本部设在税收最便宜的国家，比如爱尔兰或荷兰的企业很多。这是根据统一 EC 之前的税法做出的判断，但在 EC 一体化之后，这些国家在税收上就没有突出优势了。而从指挥整个欧洲的角度来看，在这些国家设置本部显然并不合适。于是在这种情况下，新的欧洲本部设置地选择就成了问题。

而瑞士、澳大利亚、挪威与瑞典等没有加盟 EC 的 EFTA（欧洲自由贸易联盟）各国，以及受到改革大潮冲击的东欧各国应当如何应对新的变化，这些问题也亟待解决。

左右日本企业的存续

如何应对 EC 一体化不仅仅是欧美企业要面对的问题，所有在欧洲的日本企业也会在欧洲面对同样的问题。

面对一体化，日本企业和欧美企业一样，都将直面将欧洲本部设在哪里，本部究竟该具备怎样的功能，还有该怎么和不同国别企业组织一起分担业务功能等一系列问题。

日本企业曾经将进入欧洲的据点设置在联邦德国的汉堡，之后又转移到杜塞尔多夫，如今则分散于欧洲各国。欧洲的产业重心的确在逐渐向南转移，但如今北部市场依旧庞大，不可忽视。

配合 EC 一体化，大多数日本企业在考虑欧洲本部候选地时，首先想到的也许是比利时的布鲁塞尔，但这并不一定是正确答案。

在品牌问题上，大多数日本企业都采用统一品牌，也就是泛欧洲品牌政策，因此在这个问题上比欧洲企业更为有利。但选择不同国别的制造商通过 OEM（代工产品）等方式进入欧洲的制造商今后不仅将要整理极为复杂的关系，还必须同时确立自己公司的品牌。由于欧洲势力与美国势力都将对泛欧洲品牌发起攻势，所以今后再也不能像以前那样"坐享渔翁之利"了。

而日本企业由于在欧洲各国以收购当地经销商等形式构筑直辖销

售公司网，国别组织相当细化。因此，要将这些国别组织以欧洲范围进行整合，可以预见将会遇到多大的困难。

要应对这些困难，日本企业必须解决以下三个问题。

第一个要面临的问题是如何改变欧洲整体的组织运营体系，日本总公司如何与该组织运营体系协作，以及在某些情况下，该如何与美国等日本与欧洲之外地区的原有组织联动。

第二则是功能分担与人事构成的问题。欧洲本部及其下属组织之间该如何分担功能，而且欧洲存在多种语言，该怎么做才能实现顺畅的沟通，组织内部各国员工应该各设置多少人，以及应该从日本派遣什么样的人才过去，这些问题都非常重要。

第三，从战略问题角度来看，是应该与欧洲当地产业采取合作方式，还是应该沿用以往的自行扩大网络的方式，这也是必须迅速做出决断的问题。

同时，该功能是否应当涵盖 EC 以外的 EFTA、东欧和 CIS（独联体）这些地区的权限，这也是个问题。不同企业所面临的状况不同，比如 IBM 就比较传统地让中近东与非洲也由欧洲总部统一管理，日本总部则负责管辖亚洲和太平洋整体。换言之，就是针对第三区域究竟该分开还是统管，统管的区域究竟限定多大的问题。

日本企业要将这些问题设定一个目标，以 1992 年末为期限，在 EC 一体化不久后就必须解决。

而如今日本企业几乎还没有对这些问题相关的重要事项做任何准备。因为第一，现在欧洲的事业环境还不错，他们忙于追逐眼前的利益。

其次，他们也许打算等 EC 一体化之后再慢慢来，期待日本企业在这方面独树一帜的"应对能力"。

但欧洲企业和从美国进驻欧洲的企业如今已经在全力寻找对策了。可以预见 1993 年 1 月之后的欧洲，竞争版图将会发生很大变化。日本企业也应当尽早研究本论文所写的内容，进一步重点关注欧洲战略。

大前研一

二、摘译——"欧洲组织重组"的处方签

针对 1992 年末的 EC 一体化，在欧洲活动的企业必须重建新的组织结构。

现在在欧洲获得成功的企业大多是按国别组织进行独立运营，而非在欧洲跨国境进行统一的组织活动。即使像 Nabisco（纳贝斯克）这种进行全球化活动的企业，也不过是各不同国别独立运营的组织的集合体。

然而随着产业发展和企业国际性活动的推广，企业能利用"规模经济"所带来的好处的机会持续增加。此外，随着 EC 一体化，通过消除物理性的贸易屏障和技术标准化，市场逐步统一，所以继续按国别对应该国国内市场的经营模式意义不大。

尽快进行国际性的组织整合对于任何企业而言都是先于其他企业一步占据市场优势的绝好机会。然而与此相对的是，企业必须改变之前所构筑的公司对外关系，内部也将发生剧烈变革。

各国经营者已经习惯应对各国内独立的地区市场下的经营环境，

所以很难顺理成章地接受新欧洲整合组织的变更。由于与地区文化紧密相连，进行应对当地市场的活动，所以他们大多执着于该国内部活动，对国外的意识相对淡薄。

此外，在企业的现行评价体系下，在国内获得成果比针对国际活动做出贡献更容易得到更高评价。因此，他们的目光也越来越不关注国外市场。在这种情况下要推进全欧洲的组织整合，就必须针对各企业能力与组织内部的阻力制定完善的计划。

关于组织变革计划，以下将按必要的整合等级评定、组织规划与变革过程中的管理这三个步骤来进行阐述。

必要的整合等级评定

欧洲组织的整合并不是指全欧洲组织都完全由中央机构管理。根据其集中的程度分为不同的整合等级（图 3-1）。

自己处于怎样的整合等级，或者希望达到怎样的整合等级，不同业界与企业都不尽相同。并且整合等级即使在同一个企业中，功能也不会全部处于同一水准。

比如汽车产业，虽然面向多个国家的产品几乎都是按照同一个标准进行开发，但销售组织却是按国别区分的。再比如饼干产业，虽然材料购买是国际化的，但商品的口味却各国都有所不同。

所以企业需要根据不同的功能找出合适的整合等级。

一般等级

5	中央管理 不存在按国别区分的运营组织
4	中央统控 中央机构对各国组织的各功能具有指挥权
3	中央整合 由中央机构的工作人员负责整合工作
2	整合机构 拥有国际上的正式委员会或运营机构
1	协作体制 拥有国际上的正式委员会或运营机构
0	独立运营 拥有按国际性的不同功能区分 （销售、流通等）的汇总和信息交换场所

高 ↑　低 ↓

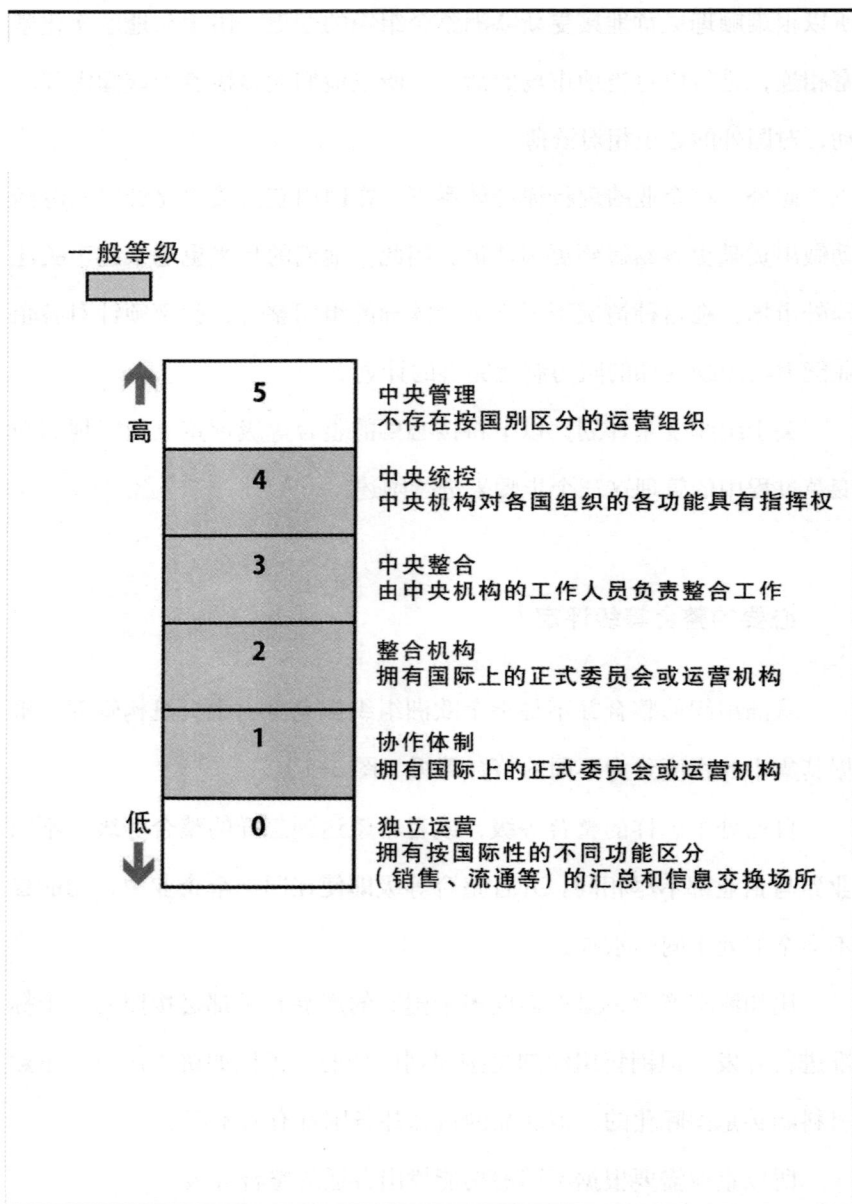

图 3-1　国际整合的 6 个等级

实际调查各企业的整合度后可知，现在大部分企业还处于 1~2 的整合阶段。

然而随着整合等级的提高，接近 3 之后，要集中组织就得增加信息量，且组织构造也越来越复杂。另外，由于职责尚未确定，可能会导致缺乏责任感和创业精神，甚至可能形成不必要的官僚机构。

在进行这一等级的平缓性整合时，最重要的是不仅要让各国负责人了解整合的好处，更要了解组织复杂性的增加。

这里的要点是从战略性的观点来理解今后新环境下顾客、竞争对手与供应商等要素在受到需求、供给、技术、规则等外部影响后，将会在欧洲市场上出现怎样的变化。

弄清现状组织的内部基础结构是否能应对面向国际化的组织变革也非常重要。必须从外部环境掌握目标状态，明确在组织内部创造变革所必需的土壤，也就是进行变革应该做的准备及执行能力。

组织规划

在明确了变革的假定条件后，还必须以此为基础，定义能反映领导者意向的组织机构与运营结构。这方面的工作主要分为以下三点。

（1）为各事业、功能设定最合适的整合等级。

（2）不受已有组织形态和国境束缚，以全欧洲规模进行地区、功能、事业的新分组。

（3）重新加入原组织图中不存在的整合机制。

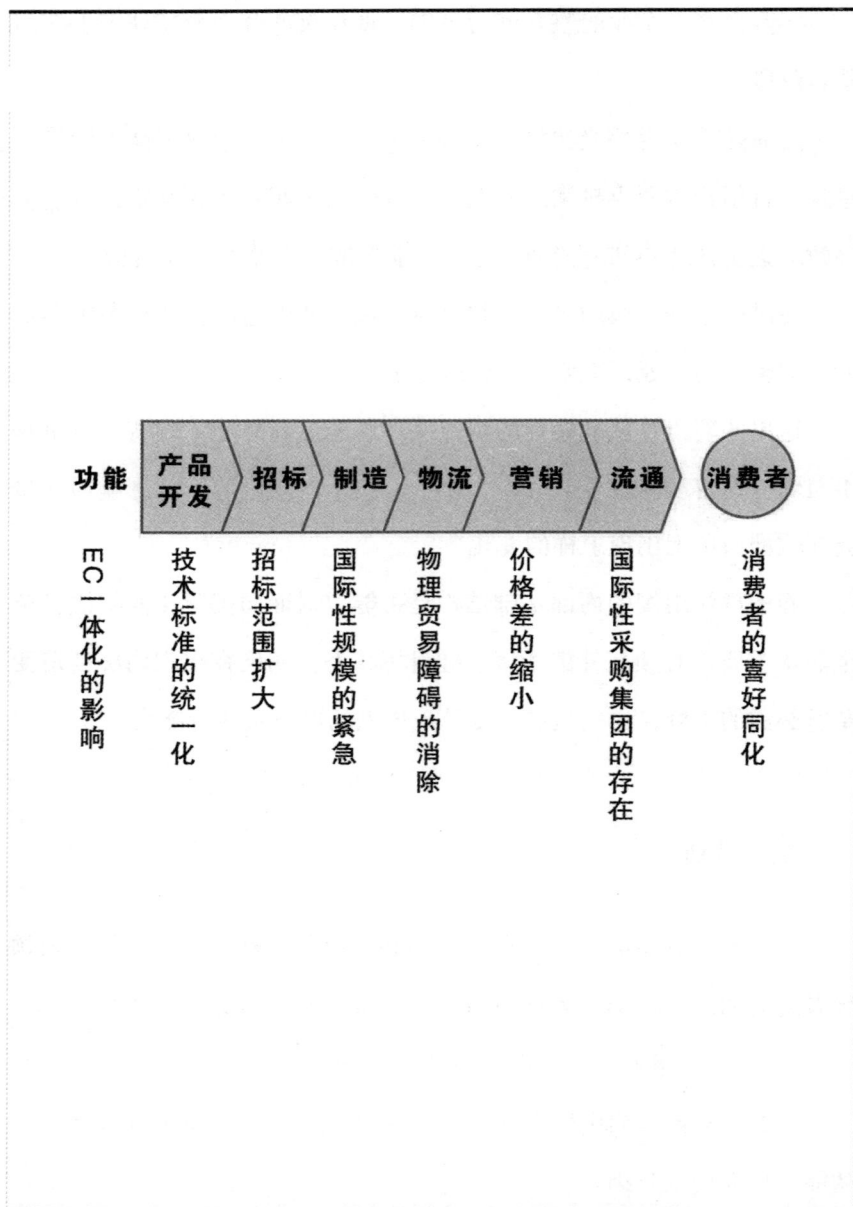

功能 | 产品开发 | 招标 | 制造 | 物流 | 营销 | 流通 | 消费者

EC一体化的影响 | 技术标准的统一化 | 招标范围扩大 | 国际性规模的紧急 | 物理贸易障碍的消除 | 价格差的缩小 | 国际性采购集团的存在 | 消费者的喜好同化

图 3-2　EC 一体化给不同功能的在欧企业所带来的影响

尤其是第三点中所说的整合机制，它既能构筑平稳的整合基础，也能创建信息和人事机构。

比如为共享业绩数据而构筑信息系统后，各地区的负责人都能留意到其他地区的优秀业绩。此外，通过确立标准的人事评价系统，能让有实力的负责人作为整合组织中心人物浮出水面。

变革过程中的管理

欧洲统一组织不可能一夕完成。无论该企业描绘了怎样明确的组织蓝图，但要实现它则需要能力与文化的酝酿时间。因此，注意以下三个要点是关键所在。

第一个要点是让组织内部彻底理解变革的目的与必要性。比如创立以主要负责人为成员的执行委员会，采取完全与其他国内组织分离的运营方式。

某个欧洲食品企业中创建了针对欧洲未来产品市场的战略立案委员会，通过该委员会的活动，从统一市场的视角来制订产品计划，再告知企业内部全体成员，并以此获得成功。

这种委员会最初的关键是如何选择对象来进行活动。一开始挑选最具冲击性的部分，尽快凸显整合的好处，让组织内部了解其效果。

第二个要点是必须有组织整体意识及逐步发展能力。这一部分主要是责任或权限的重新设计，此时必须克服组织内部的阻力，还要让各国负责人参与变革的过程。以下用两个例子来介绍这种方法。

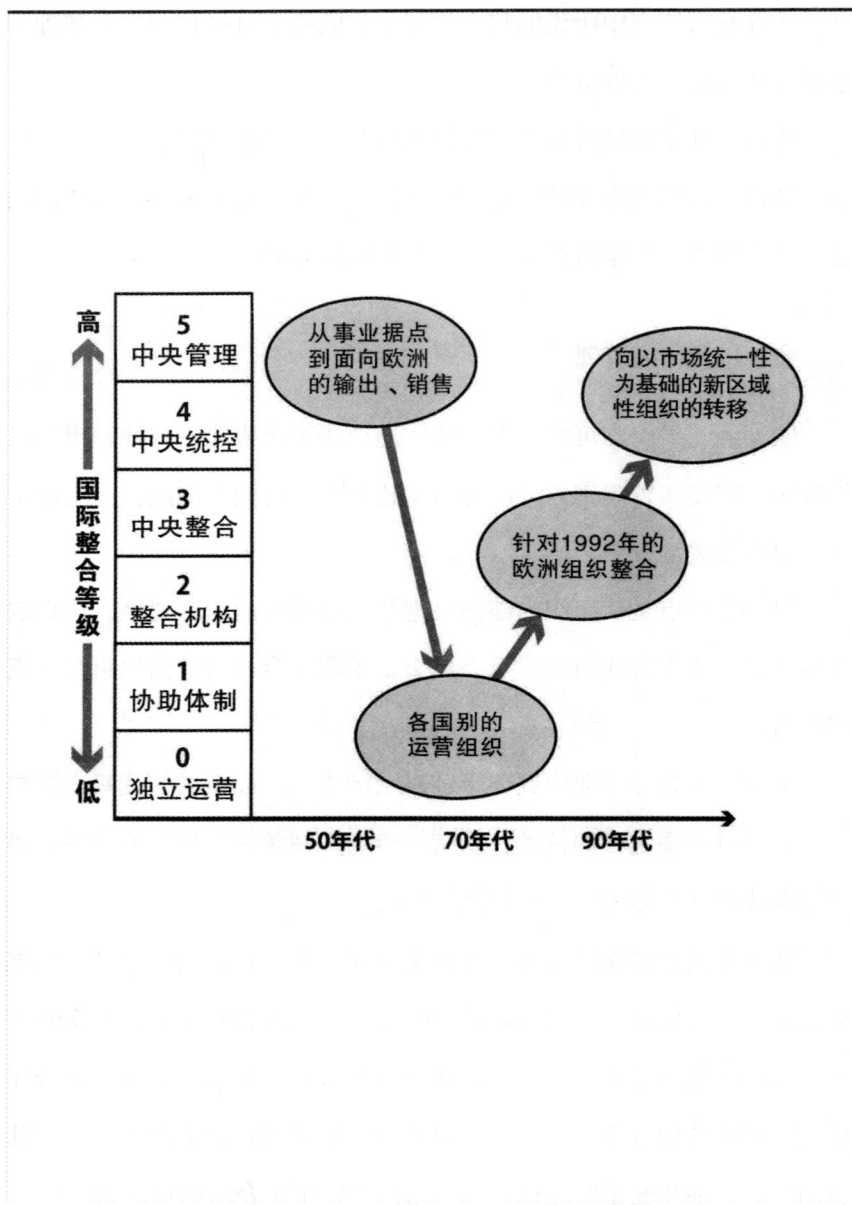

图 3-3　适当的国际整合等级变迁

第一种方法是让各国责任人管理国内与全欧洲两方面的工作。这样一来，能消除他们担心自己国内地位受到威胁所产生的不安感，并担负起统一欧洲组织的责任。

此外，关于功能与品牌及其全欧洲组织的运营，也可以采用给予某国组织指导性权限的方法。比如让某国负责制造的组织参与生产计划和配送的指导，或者让某个组织负责新的品牌。这样一来，得到权限的人才能针对特定领域成为欧洲组织的核心存在，保有与各国负责人进行国际性交流的场所，有机会的话甚至不仅能形成意识与能力，还能形成个人的网络。

第三个要点则是人才的培育。这其中的关键是通过从企业内外挖掘、调配和培养适合国际活动的人才来提高员工能力。正如之前所说的，要进行欧洲组织的整合，就必须阶段性地实施适合组织的方法。打前阵的人要认识到组织整合的必要性，只要能在组织内形成执行意识和能力，之后只需要对其进行强化即可。

这也意味着在变化过程中逐步形成了重新审视整合案的能力。有些组织也许在没有进行中央整合的状态下也很稳定，也有的选择省略组织内多余的部分，分割组织内关键人物的权限，总之变化为各种不同的形态。随着整合的深入，将不得不面对更为组织化的整合。而这也包含经营情报系统的构筑等各方面的内容。最后请不要忘记目标整合状态也会随着状况的变化而逐步改变。

在统一市场诞生后，企业下一步必须针对跨国境的新地区市场制定战略，还要根据包括本部和支部的配置在内的战略来制订合适的组织计划。

以上就是企业克服各国组织内部障碍，推进国际统一的相关内容。其中的关键是不要只是描绘单纯的组织构图，还要巧妙利用灵活的整合机制。

稻田将人

原题"The Corporate Impact of 1992-Rebalancing European Organizations"
作者 Norman Blackwell（伦敦事务所员工）
Peter Child（法国事务所员工）
David Hensly（比利时事务所欧洲中心专业顾问）

第四章

"德国货币、经济统一"
中潜藏的陷阱

一、解说——"德国货币、经济统一"中潜藏的陷阱

本章是 *PRESIDENT* 杂志于 1990 年 7 月号刊登的文章。而之后不久的 1991 年 9 月，经济互助会解体，12 月苏联解体，诞生 CIS（独立国家联合体）。一系列变化让市场局势也发生剧烈动荡，其中不少旧闻至今仍有记录。但如今回头来看，我们是否能在一开始就预测到今天德国经济的困境呢？政治家的情感决策是否对国民来说太过不切实际呢？考虑到今后东南亚等亚太问题，笔者对这部分内容重新进行了润色和修正，希望读者到时能事先像本章所述的一样进行充分考察。

货币整合的内在矛盾

1990 年 5 月 18 日，作为德国统一的第一步，与货币、经济统一相关的国家条约签字生效。而在这之前，我于 4 月末到 5 月初两次前往欧洲视察东欧经济现状。

本章就是以这次的见闻为基础，讨论德国统一后所面临的困境与

COMECON（经济互助会）的各国的经济重建之路。

伴随着德国的统一，可预测的困境根源就潜藏在统一的条件中。首先，国家统一时，联邦德国将货币兑换比例设定为 1∶1，且毫无过渡过程，在短期内实现统一。并且还与民主德国约定，将相当于统一后的联邦德国宪法的现联邦德国基本法作为共通宪法导入。这种无法彼此相容的条件必然会导致今后各种矛盾的产生。

首先是民主德国企业经营恶化问题

在比较民主德国与联邦德国的产业时，一般认为其生产性有 3 倍的差距。民主德国有 60,000 个劳动者参与工作的工程的生产实绩仅相当于联邦德国 20,000 人的生产水准。按此情况来做单纯的计算，那么有 40,000 人都属于解雇对象。

进一步而言，甚至有人认为联邦德国目前的生产能力能满足整个民主德国的所有需求。联邦德国人口为 6000 万人，民主德国人口仅 2000 万人。即使人口比按 25% 增幅来计算，只要提高 10% ~ 20% 的生产能力，联邦德国就能满足供给。那么民主德国除了食品工厂之外其他都可以不要。

由于在生产能力方面与西欧诸国有极大差距，且经营难以为继，那么在这种情况下，解雇所有员工后关闭工厂是可预计的事态，但要实现这一点却并不容易。

因为今后将使用联邦德国基本法，该法律规定必须保障劳动者的权利。

规定中的一点就是劳动者也能参与经营。联邦德国根据经营组织法和共同决定法等法律条款，会从劳动者中选出部分人组成员工协会，且该协会对于解雇从业人员在一定限度内具有反驳权。

如果民主德国也沿用该法律，那么要大量解雇员工无疑会非常困难。

此外，民主德国劳动者的最低年收入约 8000 马克，而联邦德国劳动者的最低年收入约 20,000 马克。

而根据 1990 年 5 月决定的货币与经济统一相关国家条件，规定民主德国马克与联邦德国马克的兑换比率是 1:1。因此，统一时将会在国内产生巨大的薪水落差。

这样一来，劳动者显然将出现由东向西的大流动。为了防止这一状况，民主德国不得不将劳动者薪水提高 2 倍。

那么也就意味着要给仅有 1/3 生产能力的劳动者支付之前 2 倍的薪水。薪水上升的同时还无法解雇员工，企业必然会出现大幅赤字。而一旦出现赤字，决策者则必然得担负起责任来。虽然联邦德国的科尔首相规定在统一时不增税，但仅仅是不增税能否遏制赤字呢？

其次是货币的兑换比率本身会引发的问题

货币的兑换价值是与该国国力成正比的。之前联邦德国对民主德国的马克官方兑换比率是 1:2，甚至曾经一度扩大到 1:6。

然而科尔首相宣布货币的兑换比率为 1:1，那么在缔结条约之前以生活必需品为中心稳定在低价水平的民主德国物价瞬间将上升至与联邦德国持平。换言之，民主德国将出现通货膨胀。

最后是民主德国的劳动者惰化问题

就我在民主德国的德累斯顿亲耳听到的情况来看，在民主德国劳动者意识中，他们认为既然兑换比率明确，那么对于同样劳动，为什么联邦德国劳动者的平均年收入约 20,000 马克，民主德国却仅 8000 马克？按这个薪水差距，难道不应该是 2 联邦德国马克兑换 1 民主德国马克吗？这样一来民主德国劳动者的年收入应该是 16,000 千马克才对吧？

然而从生产能力的国际对比来看，民主德国劳动者不仅不应该有 8000 马克的年收入，甚至应该降低到 4000 马克才合理。和日本一样作为第二次世界大战后的战败国，联邦德国也一样从百废待兴中经过一番泣血的努力才从国际竞争中取胜，获得今日的繁荣。

但民主德国并没有付出同样的努力，却将在薪资方面与联邦德国持平，这一甜头带来的惰性显然会很快蔓延开来。再这样仅依赖于援助，恐怕会像丧失经济重建活力的中南美各国一样走上同样的道路。

换言之，货币统一的象征意义表面上是联邦德国吸收合并民主德国，但由于仅仅是形式上的对等合并，且联邦德国过低地评价了民主德国经济形态的缺陷，完全没有考虑应该以怎样的步调来推进统一才是最佳方法，仅从政治与感情的角度就贸然地决定了统一内容。

另一方面，民主德国明知联邦德国急于统一，于是趁机提出了各种条件。其结果就是在德国统一过程中，矛盾无处不在，摩擦所引燃的火苗逐步扩散。

我认为德国今后将在社会与经济方面为此付出相对的代价。而这种"代价"恐怕不知道要持续多少年。

如今同样的问题又出现在民主德国，且民主德国问题的规模是冲绳的 6 倍左右。

COMECON 的符咒

作为民主德国生产据点功能之一的联合集团是否应当继续沿用到自由化经济中，这也是德国将要面对的问题。实际上联合集团虽然具有生产、出货的功能，却不包含计划、营销、服务等要素。也就是说，从现状来看是不可能实现企业化的。

这并不是单纯地追加计划、营销、服务等功能就能解决的问题。最大的障碍在于 COMECON（经济互助会）的经济与民主德国经济密切相关。而联邦德国政府在这一点上犯了认识性错误。

COMECON 经济是相互依存关系极强的体制，从好的方面来说，它是能跨越国境的经济体制；但从坏的角度来看，它是苏联关闭了各国经济自立的道路后，分割统治东欧各国的形态。

我曾造访过民主德国某联合集团的所长，根据他的说法，零件由匈牙利、捷克斯洛伐克、苏联供给，工程师由捷克斯洛伐克派遣，75% 的产品出口苏联。

德国统一意味着民主德国将脱离 COMECON，其他东欧各国对其的零件供给也将停止。另外，一旦民主德国实现零件内部生产化，还会对制造零件的东欧诸国经济造成打击。

通过这次视察，我得出的结论之一就是如今的民主德国除了部分食品加工和水泥等国内可调配原材料的产业以外，机械和电子机械等组合加工产业大多都无法作为独立的个体来运营。

即使是被称作东欧圈优等生的民主德国和推行经济自由化最为顺利的捷克斯洛伐克，如果将他们放在自由主义市场中与其他各国竞争，其生产量的水准也会遭到质疑。

民主德国以往的生产只是按照指示来完成要求的量，并且相信需求是无限的。比如小型车（Trabant）的等候名单就高达 15 年，因此他们认为只要无限生产即可，而不会考虑改善生产效率。另外，雇佣是受国家保障的，即使削减工厂的员工得不到任何益处，所以即使有提高生产的概念，也没有必须提升工作效率的理由。

处于这种计划经济之下的企业将完成定额视作最高使命，根本没有生产效率、预测需求、价格（成本）的概念，也没有能解决这些问题的人才。工厂的运营方法相当局限，可以说完全不具备转为市场经济的必要条件。

比民主德国在经济实力方面更差的还有捷克斯洛伐克、匈牙利，后面还有波兰、罗马尼亚等国。而苏联也陷入了计划经济的严重弊端。这些国家要凭借自己的力量重建经济几乎是不可能的。

加之这些国家还有民族主义问题。在第二次世界大战后冷战之下暂时冻结的民族主义今后将急速解冻，以往的各民族活动将更为活跃。而这在某种意义上而言是理所当然的结果。

在这种状况下，东欧诸国不得不将极其高难度的经济重建放在他们从未体验过的自由主义和市场经济原则下进行。这已经不是什么两难而是三难选择了。

这种经济重建当然不仅限于苏联、东欧圈。西方发达国家也要统一步调，为重建创造新的框架，并在此基础上利用民间的活力对应各种问题。

此外，从计划经济一举跃入市场经济也会带来各种疑问。我认为东欧诸国在推进经济重建时，不应当彻底废弃所有规制，推行完全市场经济，而应该先采用处于管理之下的经济体制。

然而，民主德国与联邦德国合并后，捷克斯洛伐克与匈牙利自行决定转为市场经济。而前他们并不了解市场经济的残酷和可怕。当联合企业还在拼命求生时，一旦外国企业在当地建立新型工厂并进入市场，那么联合企业是不堪一击的。

比起陷入这种困境的恐惧感，当下他们更醉心于呼吸从常年高压政策下解放出来的自由空气，并在此期间达成了各种一致。但这些并不是都经过深思熟虑的结果，反而充满了矛盾。

　　我希望日本企业能在充分思考这种脆弱性的基础上，注意自己应当采取的行动。在德国统一的破晓之时，为了讴歌两国承认的宪法所规定的民主性、社会性秩序，现在的民主德国国内诞生了无国家规则的自由市场。

　　假如日本企业此时大举购买土地，发动输出攻势，导入先进设备，雇佣还未被计划经济的陋习所污染的人才，让自己的企业产品席卷市场的话，显然全世界都会对整个日本产生反感。

　　在东欧各国正逐步修正联合集团的各种缺点时，奉劝日本不要以强者逻辑发动输出攻势。

　　包括民主德国在内的东欧诸国其实应当像曾经的日本市场一样，推行暂时规则，在某种程度上培育形成国内产业之后再开放市场。因为不经过某种程度政府保护的市场，几乎是没有成功可能性的。

　　接下来介绍的论文所阐述的中心内容就是计划经济所包含的缺陷与互助型经济的强大联系性。作者 Peter Kraljic 现在是杜塞尔多夫事务所的主管，也是麦肯锡公司的东欧常务负责人。他曾经在自己祖国南斯拉夫（克罗地亚）有过各种相关研究经历，是企业战略立案、组织和运营方面的专家。

大前研一

二、摘译——东欧市场经济再生的条件

东西之间的经济差距

现在苏联及东欧告别了计划经济，想一跃转为自由市场经济。由于东欧市场具有极大的购买潜力，所以西欧普遍认为东欧的改革意味着商业机遇的来临。

但与其表象截然相反的是，实际情况非常严苛。因为只要试着调查东欧社会的经济、产业内容，就会发现它与西欧之间有非常大的差距。

比如南斯拉夫的制造业（图4-1）。首先共通的理念应当以自由经济为中心，但它根本没有这样的根基。

从员工方面来看，创业者和管理者不足，个人欠缺劳动逻辑和竞争意识。此外，由于产业结构是独占型，且由计划经济来推动，所以效率极其低下，缺乏机动能力。

　　加上税法和企业法等都未完备，面向市场经济的法律体系还不成型。从商业系统来看，西欧一般是以研究开发、生产、物流、营销、售后服务等步骤为基础，但南斯拉夫的这些步骤却远远谈不上成熟。

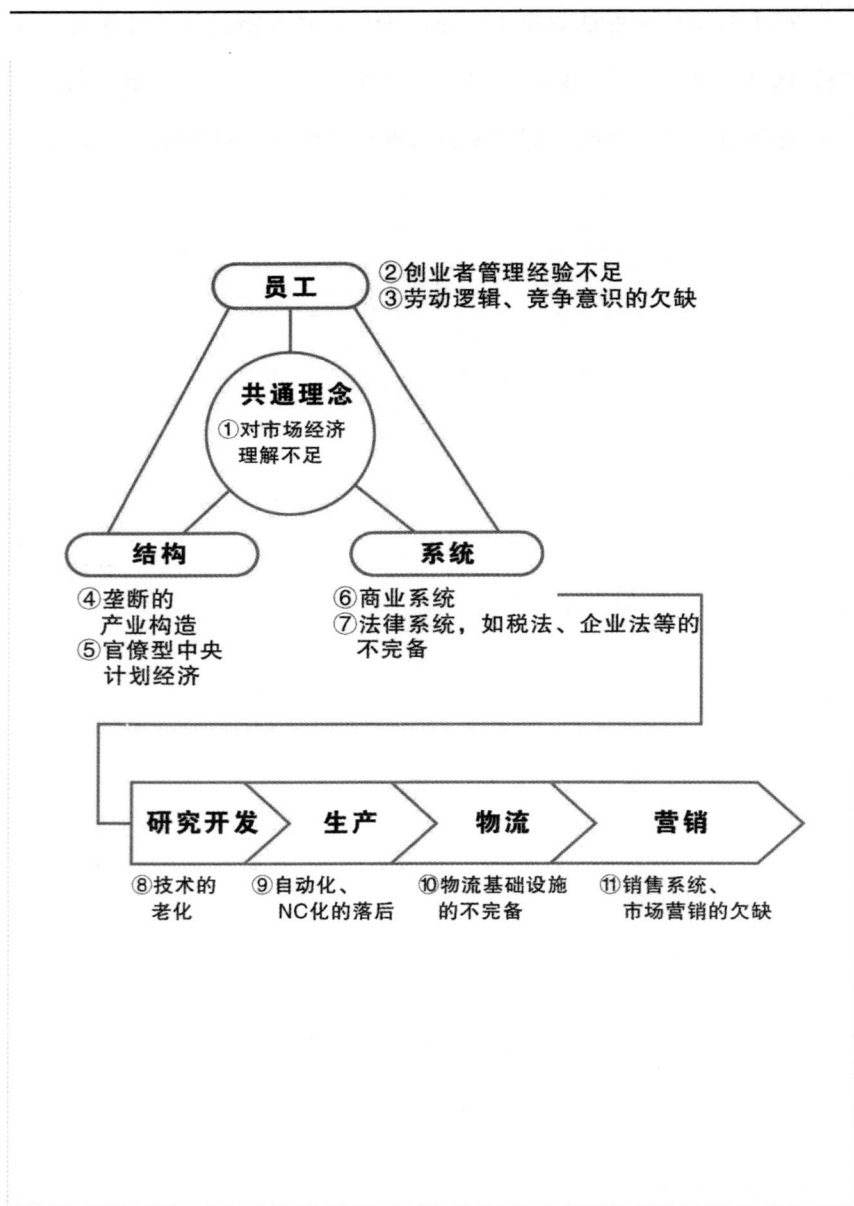

图 4-1　南斯拉夫制造业的 10 个欠缺

因为产品的推出是按照"计划"而不是配合顾客需求,且只凭借已有技术来制造。

这种情况当然并不仅限于南斯拉夫。比如民主德国的生产工厂中的工作机械的 NC(数字控制)化比率平均不超过 6%。这个数值仅为日本的 1/11。并且苏联农产品的 40% 左右都不具备配套的物流系统,在送到普通家庭之前就已经腐烂了。

再看各国的政治与经济现状,就会发现当外国企业进驻时会遭遇以下风险。

第一,通货膨胀与失业问题显著。比如在波兰,政府对消费品的补助金在 1978 年削减了 40%,相关物价平均上升了 48%。由于东联邦德国统一,民主德国的小型车(Trabant)停止生产,导致 10,000 人失业,且其他弱势产业遭受波及后,最终估算约有 100 万 ~ 400 万人失业。

第二,由于东欧各国的对外债务数额巨大,所以债务和欠款无法回收的风险也不小。尤其是波兰、民主德国、匈牙利的 DSR(每年的对外债务偿还额 / 输出额)各为 68%、62% 和 53%,国家经济上的风险非常高。

第三,政治性的空白、无秩序与民族问题所造成的混乱在罗马尼亚、捷克斯洛伐克、苏联等地频发。

第四,基础建设的不完善将带来的乱象也可以预见。举一个例子,当花王对苏联出口大量日用肥皂时,由于用于运输的集装箱不够,导致配送大幅延期。

但在拥有这些高风险的同时,其吸引力也同样巨大,这就是东欧商业的特征。

第一，购买潜力巨大。比如电话座机的普及数量，在日本每 1000 人是 535 台，而苏联却仅为 115 台，民主德国为 210 台。

第二，具有充足的廉价劳动力，在技术方面也颇具潜力。比如时薪，日本为 13 美元，匈牙利则是 1.7 美元，苏联 1.8 美元。且捷克斯洛伐克和民主德国在战前是机械、铁矿生产的重要基地，如今也在推进高等教育。实际上，民主德国的 Dresden Microelectronics 公司从 1989 年就开始生产一兆 DRAM 的导向器了。

第三，以苏联的西伯利亚为代表的天然气、油田等自然资源非常丰富。

实施变革的注意要点

那么该以怎样的形式推行东欧的变革呢？这要根据各领域、各国的情况，以符合目标的时间尺度，逐步抹消前述的差距。

按领域来看，需要制定让通货膨胀最小化的税法、企业法，废除价格管控。在某些情况下，还有必要实行和日本"二战"后复兴时期一样的选择性保护主义。另外还必须实现货币的完全互换性，废止垄断性贸易。

而在企业活动方面，合并与技术合作相关的开发、生产、购买新基础设施来确保物流、新的销售、服务网络的构筑等都是当务之急。比如菲亚特在波兰和南斯拉夫会提供执照，铃木汽车（现铃木）则计划以印度经验为基础在匈牙利进行生产。

被德国银行收购的英国 Morgan Grenfell 银行在对苏联的滑雪工厂融资 3.3 亿美元的同时，还在开拓销售渠道。

在大规模且大范围的重化工与资源开发领域中，采用商业共同体（Consortium）这一形式，对于提高综合能力是十分有效的。比如以美国的雪佛龙为中心的共同体就是在 1988 年与强生、Nabisco（纳贝斯克）等 6 家公司结盟而成，在税务、雇佣、本国利益返还等相关法律上形成苏联贸易共同体，在重化工领域建立了 23 个合资企业。

同时，企业也不可忽视人才培养、劳动逻辑与服务精神的渗透等不可见要素。麦当劳采用了还没被苏联劳动习惯污染的年轻人才，利用手册与录像带对他们进行培训。而最终得到的"服务"也是麦当劳快速发展的重要因素。

学校教育方面也可发现变革的预兆。比如商学院在匈牙利是设置于外资合并企业中，而在苏联则作为莫斯科经济大学的附属机构，后者已经有 1700 人毕业（至 1990 年 6 月）。

回顾来看，这一变革期应当注意的要点是切勿短视，要从开发、销售、服务等各方面制定综合性的战略。另外，由于低薪的吸引力难以长期保持，所以企业必须实现"内部化"（与当地同化）。

全球化视角是必要的

按照之前所提到的注意事项来推进东欧复兴的话，是否就能获得成功呢？答案是 No。因为从全球性的视角来看，相互依存的合作集团经济还没有解决方案。

经济互助会是 1949 年为对抗马歇尔计划而设立的以苏联为中心的社会主义各国间的经济互助机构。但要注意的是，它并不是"EC（欧共体）的镜像"。经济互助会内部采用以苏联为中心的产业分割体制，主要在两国间进行交易。

一般而言，苏联以低廉的价格出口石油、天然气等自然资源，周边国家则向苏联出口机械等工业产品。这时，卢布实质上不能与加盟国货币进行兑换，交易属于以物易物的形式。以上系统在自给自足的封闭体制中并不会产生什么问题。

但随着粮食不足与科技进步缓慢，加之与外界的资本主义市场经济也有了交流，于是进入了希望自由市场化和以国际货币进行交易的阶段，从而问题也爆发式地涌现。

比如汽车产业（图4-2）苏联的"拉达车"生产基础是由南斯拉夫、波兰、捷克斯洛伐克、匈牙利来生产零件并供给苏联的分业体制。而苏联给周边国家的抵押品则是拉达车的成品或石油等能源资源。

那么假如波兰境内的劳动者从拉达车的零件生产工厂流向菲亚特的生产工厂，停止对苏联的零件供应的话，拉达车就无法完成了。

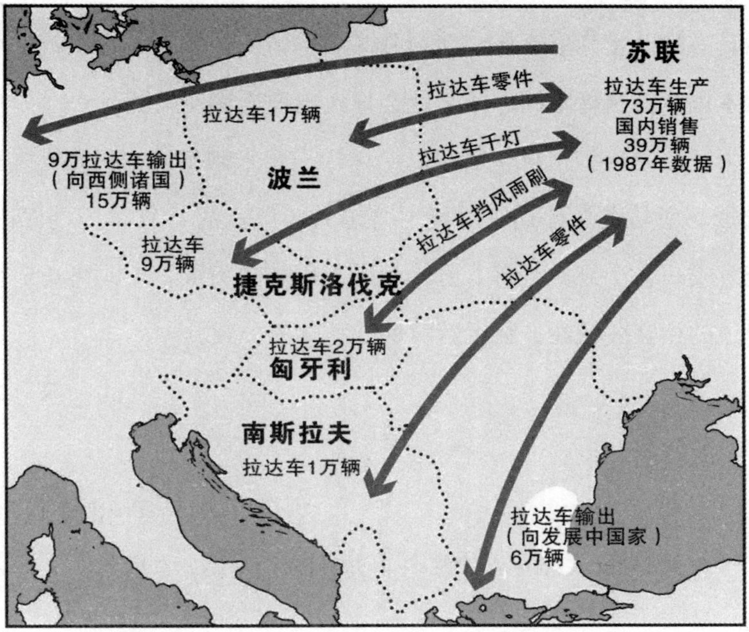
苏联
拉达车生产
73万辆
国内销售
39万辆
（1987年数据）
拉达车零件
拉达车1万辆
拉达车千灯
9万拉达车输出
（向西侧诸国）
15万辆
波兰
拉达车挡风雨刷
拉达车
9万辆
拉达车零件
捷克斯洛伐克
拉达车2万辆
匈牙利
南斯拉夫
拉达车1万辆
拉达车输出
（向发展中国家）
6万辆

资料：麦肯锡公司“Eastern European Factpack”等。

图 4-2　东欧汽车生产的分业体制

　　由于分业体制只能生产巴士的匈牙利，在通过与铃木汽车的合并让生产走上正轨之前，普通车是供应不足的。

　　假如按照苏联的主张来实现使用美元的国际价格交易，那么东欧各国根本无法仅凭零件供给来购买足够的石油。这时东欧各国的负担增加据说价值 100 亿美元（《新闻周刊》1990 年 1 月 25 日刊）。

　　具有如此密切联系的经济合作在各国进入自由市场经济时，如果都从本国利益选择不同方式，就会导致出现连锁性问题。

　　为了避免这种情况，需要以全球性视角来制定计划。尤其是在资金投资、新马歇尔计划、对民主德国大幅放宽的 COCOM（东西方贸易统筹委员会）规则处理、选择性贸易保护等方面，必须考虑到前面所提过的相互关联性，在运营时保持整体的一致。

服部建一

原题 "From Triad to Tetrad"

作者 Peter Kraljic（杜塞尔多夫事务所主管 / 东欧常务负责人）

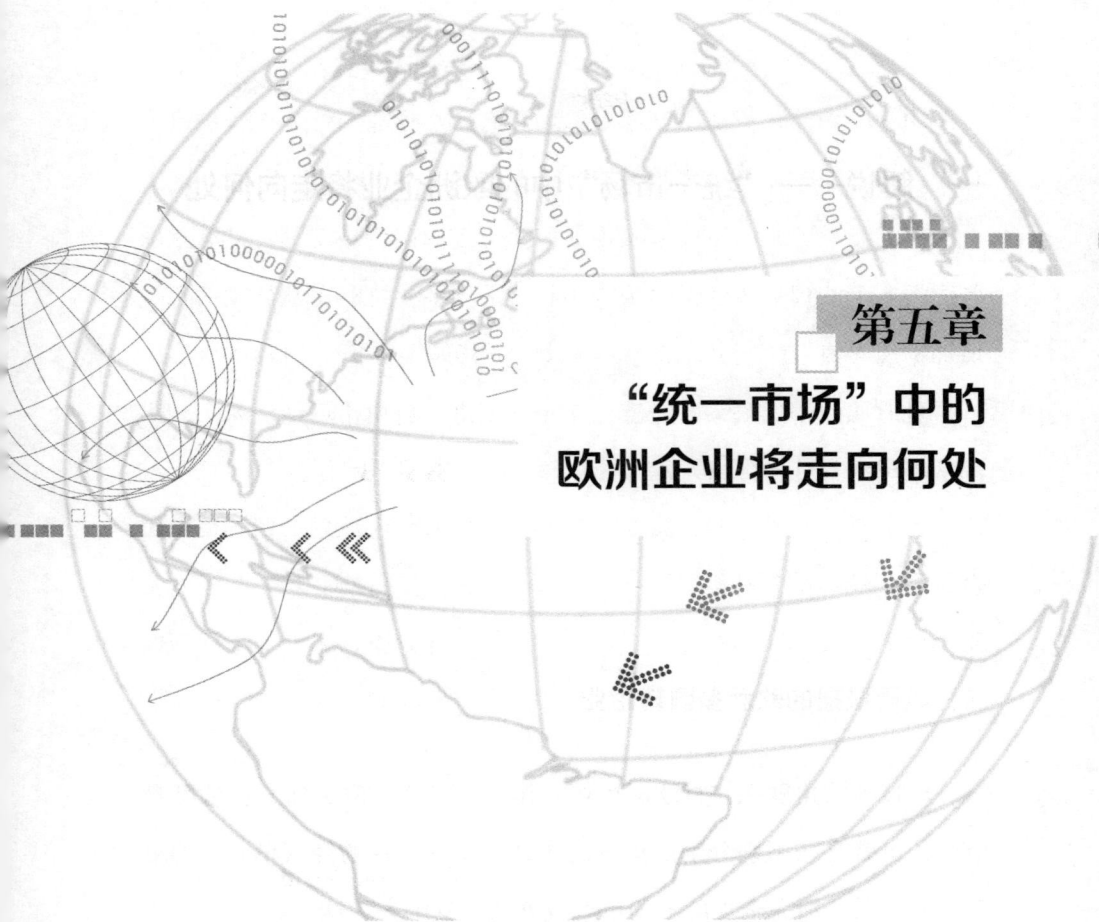

第五章

"统一市场"中的
欧洲企业将走向何处

一、解说——"统一市场"中的欧洲企业将走向何处

风雨飘摇的欧洲多国籍企业

从日本的角度往往将欧洲市场视作一个整体，但实际上它是民族市场，也就是按国别分割的市场的集合体。它以往的经营模式是 ON/OFF 的关系，即完全支配一国市场或者毫无支配力，这二者择其一。

在欧洲获得成功的企业，比如荷兰的综合电机制造商飞利浦就是在法国、瑞士、英国等不同国家设置营业区域，像下围棋一样展开包围战。像飞利浦这样被称作多国籍企业的公司所采用的运营方法其实正是欧洲人所提供的。

这种方式受所在国政府鼓励，只要将本公司产品尽可能地改为适合当地规则与标准，拿到制造与营业许可，就能独占所在国市场。而只要确立该体制，之后只需要从本国供给重要的零件，就能享受进入

市场的红利了。

这种由一家企业独占一国市场的关系酷似帝国主义时代的宗主国与殖民地之间的关系。换言之，现代的"宗主国"是多国籍企业，"殖民地"则是被支配的各国市场。就像曾经的东印度公司一样，由"宗主国"给予子公司地域独占权，并给予保护。

并且，多国籍企业总部会倾向于为输出的子公司构筑与母公司一样的组织结构。即使子公司位于中南美或非洲等发展中国家，也同样只是母公司的"克隆体"。这是经历了帝国主义的欧洲多国籍企业的样本。

这种思维也移植到了美国，成为商学院教授们在讨论多国籍企业时所列举的典型。因此，美国企业在进驻东南美时的基本思维也是这种欧洲帝国主义风格的多国籍企业模式。

但这种模式会因为内外威胁而变调。所谓威胁，第一是美国企业，第二是日本企业，第三则是 EC 一体化。

首先，具有本国中心世界观的美国企业凭借压倒性的巨大资本力和压倒性的优秀技术能力进入欧洲，按国别运营组织，给予欧洲企业极大打击。

法国作者塞尔博·施赖弗在 20 年前曾写过《美国威胁》，他的"预言"已经成真，如今美国企业已经在欧洲掀起了波涛，统治了大半市场。

由于美国企业很少公开欧洲股份，所以很难对其准确把握，但根据麦肯锡公司的调查，假如今天美国企业将欧洲子公司全部在当地市场上市的话，其结果恐怕会占据整体的 20%，也就是每 5 家公司就有 1 家美国企业。

美国企业的做法是盗用了欧洲的驾船技巧，按国别夺取市场。以德国的汽车产业为例，欧宝公司在美国通用旗下，Taunus 则摇身一变成为德国福特。诸如此类，美国企业一步步击溃了欧洲企业的防线。

其次是日本企业的威胁。虽然日本企业没有美国企业那么雄厚的资本力和经营力，但由于顾客接受了日本产品，让日本企业也紧随美国之后进入了欧洲。换言之，日本企业所采取的方式是 customer oriented（顾客核心），让产品符合市场需求，以高品质低价格获得初期成功。

日本产品的进入让许多欧洲企业遭受了沉重的打击。从产业方面来看，德国的相机、工作机械；瑞士的钟表；以及欧洲整体的汽车、立体声唱片、电视、录像机、CD 等家电产品都深受影响，而半导体等所有电子产品至今仍受日本企业威胁。

如今，产品输入后随之而来的是零件和组件输入。进入这种侵略时代后，在组件领域具有重要意义的传真机、文字处理机等事务机器几乎都被替换成了日本产品。

日本企业的特色是几乎都凭借销售来入侵市场，且不通过收购，而是以建立自己的工厂来站稳脚跟。而且与欧美企业不同的是，它不按国别制定品牌，而是以泛欧洲品牌，也就是统一品牌进入市场。

这些因素让日本企业具备了进入某国市场的条件，同时也很容易形成称霸各国市场甚至全欧洲市场的条件,这显然刺激了当地政府和企业。其实从整体来看,在欧日本企业的渗透度不过美国企业的1/10,但它所带来的威胁却在持续扩大。

第三个威胁来自 EC 的市场一体化。EC 的市场一体化于推崇 EC 设立的罗马条约 35 周年之际,也就是 1992 年末实行。这也意味着以往凭借强势的总公司在各国设置子公司,并进一步设置组织子公司,按国别变更品牌和经营方式的传统多国籍企业模式将不复存在。

欧洲自行拆除了国境,将其变为统一市场,其结果反而让美国企业与日本企业的威胁进一步增大。

针对来自美国和日本的威胁,欧洲各国首先的反应是欧洲堡垒(Fortress Europe)——欧洲整体的堡垒化。也就是通过设置保护性措施,封闭欧洲市场,防止外敌侵入的思维开始抬头。

欧洲虽然诞生了统一市场,但由于各国分离的特殊性,很难抵抗外界企业的入侵。

但即使是曾经具有极强特殊性的西班牙和意大利,最近也在随着中部或北欧市场而改变。单个来看,欧洲已经不再存在个性强烈的国家了。

加之欧洲内部获得较少投资的国家欢迎来自日本和美国的投资这一现象日益凸显。尤其是意大利南部、德国北部、英国东北部、法国的阿尔萨斯·洛林地区等,由于没有欧洲内部给予的新投资,所以非常欢迎美国和日本的投资。

欧洲不再是一块坚固的岩石，最终也不可能通过欧洲堡垒从外界企业中守住市场。

而当欧洲成为统一市场之后，由价格差所引起的产业重组则成了关键点。现在医药品的价格在欧洲各国之间有极大差额，而一旦成为统一市场，显然订单就不会流向高价的德国，而是转向价格低廉的意大利等国。这样一来，市场逻辑就变成医药品只需意大利一个国家生产就足够了。显然，最强的吸引力还是低廉的价格。

另一方面，医生的诊疗报酬则是德国更高，那么意大利的医生跑去德国开业，于是就产生了人才的流动。工业流向人工费较低的南欧，而要求劳动力的服务业则向北流动。EC 的诞生对欧洲形成了多面性的重建。

发展中的欧洲的意识转换

欧洲这数年来在企业方面的经营力、资本力和技术开发力都较弱，各国管理不统一，而且对于品质监管不足。这些都是亟须反省的问题。

如果不能从根本上改善这些问题，那么 1993 年之后，企业将陷入巨大的混乱之中，生存下来的概率也将非常低。这种紧迫的危机感让欧洲近几年来开始认真地考虑解决这些问题了。

但这并不是指堡垒化，而是通过 EC 一体化向世界开放欧洲市场。认为应当抓住这次转换的绝好机会，锻炼自己与日美企业对抗的能力的思维随之出现，而这种思维自然而然地会导出结论，那就是在欧洲成功的条件最终能与在世界成功的条件画上等号。欧洲人在目前阶段终于注意到了这一点。

后面的论文由麦肯锡公司的欧洲三人组阐述了 EC 转为统一且开放的市场后，欧洲企业应该如何处理将要面临的问题。

这三人包括苏黎世事务所的主管 Thomas Knecht，他在科学、重工用机械、电子工程学方面具有深厚造诣；荷兰分总经理 Mickey F.W.Huibregtsen，他精通化学、钢铁、电子技术，且最近几年以企业经营内容的变化为焦点，在广泛领域开展研究；瑞士分总经理 Lukas Muehlemann，他极其了解制药、金融等。领域 Thomas Knecht 针对 EC 一体化所带来的变化阐述了很多例子，对于了解统一市场出现时会发生什么颇有帮助。

而 Mickey F.W. Huibregtsen 的论文则针对欧洲企业该如何在这种市场中生存，提出必须学习日本企业改善经营能力，提高产品品质和生产效率。

无法应对市场变化的企业则不得不进行事业重组。欧洲模式的事业重组与谋求股东利益最大化的美国模式事业重组在目的上是截然不同的。

Lukas Muehlemann 针对欧洲模式的事业重组，对工厂再配置等战略性资源重新分配提出了各种建议。其结论就是欧洲企业必须具备能与日美企业在开放市场中一战的体质。

但这就意味着要让至今不做任何努力，只是一味谴责日美企业，粉饰太平的欧洲企业亲手切断自己的退路。

最后我想对日本企业说一句话。日本企业以前的确给予了欧洲良性刺激，而日本企业在 EC 一体化之后则要在不丢失以往的泛欧洲性的同时，还要增加地区性。

在增加地区性（同化）后，日本企业才会完全被欧洲认可为当地企业。并且与此同时，还必须努力成为欧洲一流的当地企业，具备作为世界企业的雄厚实力。

从欧洲人的角度来看，或许会认为日本企业能轻松应对这些变化，但我并不这么想。因为欧洲企业也会如论文中所写的一样拼命推行企业改革。在充分了解这一情况的基础上，日本企业也必须明确对欧洲战略、总公司与地区的职责分割等。

大前研一

二、摘译——EC 企业面临的沉重课题

EC 一体化导致产业的重组

欧洲针对 EC 一体化出现了戏剧性的变化。这种变化主要分为两点：一是多数产业重组，二是大量企业进行事业重组。

以下先摘译苏黎世事务所主管 Thomas Knecht 针对这两点所写的"欧洲的重组"。

首先针对产业重组，当欧洲境内去除对自由贸易与自由的资金流动的障碍之后，欧洲产业整体状态将与现在截然不同。

决定新状态的要素主要有三个。

第一是规模经济。一般而言，欧洲产业的集中度与日美相比还处于相当低的水准。比如汽车产业占据前三的企业市场份额总额与各国相比，日本为 75%，美国为 70%，而欧洲仅为 41%。

其结果就是导致欧洲产业界的收益率低于日美，这显然无法形成在世界市场进行有效竞争的规模经济。因此当 EC 统一市场出现后，为求规模经济，就需要进行产业重组。

第二是需求出现同质化。在葡萄酒与啤酒等领域，原本各国不同的消费者喜好模式在欧洲也出现了整体同质化的倾向。

而以 EC 一体化为契机，有人提出应当在技术层面采用统一规格，显然也是在进一步推进需求的同质化。因此，以往伴随着不同需求存在于各国之间的保护性屏障将被消除，促使产业重组。

第三是利益关系者之间的力量关系。随着统一而出现的主要力量关系变化首先应该是劳动组合的团体交涉力减弱。此外，各国政府对于产业界的影响也将降低。

另一方面，股东对企业的控制力将会增强。而这种利益关系者之间的力量变化将给重组造成巨大影响，也是决定重组速度的关键因素。

那么实际上怎样的产业该进行怎样的重组呢？根据之前所述的要素，重组后的产业构造由潜在的规模经济与需求的同质性来决定。

将产业分为三个范畴来考虑。

（1）覆盖欧洲全域的事业中，规模经济（EOS）是很重要的，而需求也将同质。这样的产业必须有能统领欧洲整体的经营实力，且必须追求规模经济。

（2）地区事业既不是规模经济也没有同质性，重组后也应该保留地区形式。

第五章
"统一市场"中的欧洲企业将走向何处 **081**

（3）多重地区经济则介于（1）和（2）之间。

接下来试着列举医药品产业的一些具体例子。EC 一体化之后的医药品产业囊括了前述的 3 个分类，相当于覆盖了全欧洲的商业。现在医药品的价格在欧洲各国有很大差别。

假如 EC 一体化之后形成了完全共通的市场，那么医药品价格较高的德国预计将会因价格降低而缩小 43% 的市场规模。

而要在一定程度上分散开发风险，确保必要的研究开发费的话，最低也需要 1,300 亿日元左右的销售额。因此这一业界将淘汰许多小型企业。

财务体制强化的必要性

与产业重组一样，EC 一体化还会带来的另一大变化是推进企业重组。

现在欧洲企业的股价水平与日美相比还处于非常低的档次。比如企业的实际资产价值除以在股票市场的价值后得到的比率，日本为 4.9%，而欧洲仅有 1.5%~2%（尤其是瑞士，低至 0.7%）。

正如之前所说，可以预见 EC 一体化将成为股东力量强化的契机，且要在产业重组的大潮中生存下来，就必须具备稳固的财务体制。从这些方面考虑的话，这种股价水平就必须得到修正。

至于修正方法则多种多样，比如有对市场提供适当情报和资本构成（负债比）的最优化等财务手法等，但积极推进企业重组才是最为重要的。

以事业单位的企业重组为例，在没有推行全欧洲双重地区事业的企业中，事业单位处于竞争弱势时，要确立持续性的竞争优势，就必须选择以下三个选项之一。

（1）通过自行努力或合作，达成国际性规模。

（2）以技术为基础，取得利基（产业缝隙）上的领导力。

（3）成为国际性企业旗下的地区性批发公司。

如果这三种方法都难以达成，那么此时选择出售该事业单位才是最上策。

而针对证券投资组合的企业重组，如果存在财务资源的制约和经营上的瓶颈，那么就必须只对能确立持续性竞争优势的领域进行选择性的资源分配。

而拥有过度多元化的事业证券投资组合的企业，也就是所谓的"多元化折让"（conglomerate discount，为发展多个不同事业而导致焦点模糊，成为毫无特色的公司，股价也难以提升）有时会让股价被过低评价。要修正这种状况下的股价，就必须分离销售核心事业以外的事业，为强化核心事业进行收购，推进企业重组。

对应企业并购的暴风雨是最重要的课题

正如之前所述，EC 一体化会带来产业重组与企业重组等巨大变化，而要应对这些事态，则要求欧洲企业的经营层解决各种经营难题。

比如制定新的泛欧洲战略，掌握新的财务战略能力，挑战各种利害关系，等等，但最重要的一个课题还是如何应对即将到来的企业并购的暴风雨。

关于如何应对企业并购，瑞士分总经理 Lukas Muehlemann 在《企业重组——欧洲的对策》一文中列举了以下欧洲经营者应该解决的课题与问题：

（1）明确经营层的职责。比如增加股东利益（否则就进行企业收购或重组），或者以以往的欧洲传统价值观为基础，在更广阔的领域平衡利害关系者之间的利益。

（2）如何实现短期利益与长期战略行动之间的权衡（如果不能得到更好的决算数据，就可能遭遇被收购的危险）。

（3）如何分辨想要收购本公司的对象是怀着善意还是恶意（如果是善意的，那么双方都能享受协作优势，如果是恶意的，那么最终只会将企业再出售）。

（4）是否应该推行全面依赖外部借贷的接管企业（景气不好时能否控制财务）。

（5）怎么做才能将股票的市场价格引向适当的水准（如果股价一直处于低水准，则可能沦为接管企业，且在资本成本上不具备国际竞争力）。

根据统计，最近欧洲的企业并购件数大幅增加。从 1988 年到 1978 年，大型收购案件已经增长至 3 倍，并且以往欧洲十分罕见的敌对性收购也开始像美国一样变得常见起来了。考虑到这些状况，针对企业并购的准备已经成为欧洲企业最重要的课题。

针对强化品质管理的行动

除了应对企业并购之外，最近还有另一个针对 EC 一体化的准备工作备受关注，这就是"品质管理"。对于品质管理所采取的行动以 EFQM（欧洲品质管理协会）的创立为象征，并在持续扩大。

麦肯锡公司主管兼荷兰分总经理 Mickey F.W.Huibregtsen 针对品质管理的相关问题在瑞士进行了演讲，阐述了以下内容。

根据麦肯锡公司在 1989 年以欧洲前 500 强的 CEO（首席执行官）为对象进行的调查，90% 的受访者都认为"品质"问题绝对是非常重要的经营课题。

追问其原因，最多的回答是"品质是最终顾客是否选择购买的主要因素""品质是降低成本的重要手段"等。

这也体现了随着 EC 一体化市场的出现，在日趋激烈的竞争中，"如何获得顾客"再次受到企业重视。

而这一调查最有趣的一点是，虽然与日美相比，欧洲在品质管理领域较为落后，但今后却有可能出现戏剧性的改善。

通过强化品质管理，平均可能改善 17% 的销售额毛利（换算为附加价值则更改善 35%）。

品质管理要获得成功的要点是人才开发和公司内团队意识的培养

等，而其中最重要的是高层管理者必须对品质管理保持持续的高度关注。从这个意义上来说，正如该 CEO 调查所表现出来的情况一样，欧洲今后几年恐怕会迎来品质管理运动的高潮。

奈良元寿

原题 "European Restructuring:The Shape of Things to Come"

作者 Thomas Knecht（苏黎世事务所主管）

原题 "Management of Quality:The Single Most Important Challenge for Europe"

作者 Mickey F.W.Huibregtsen（荷兰分总经理）

原题 "Corporate Restructuring:European Solutions"

作者 Lukas Muehlemann（瑞士分总经理）

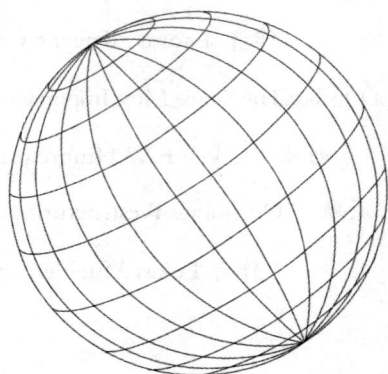

第六章

日本企业在 21 世纪
生存的条件

一、解说——日本企业在 21 世纪生存的条件

经济活动消灭"国境"

变革最重要的是理念。回顾以往日本企业的成长模式，会发现它们都处于一条连线上。换言之，它们秉持的是同样的理念。其典型就是在发展本业的基础上谋求多元化与海外推广。

然而临近21世纪，更多的经营者开始发现如果再继续传统的做法，恐怕很难达成预期的发展。于是日本企业强烈地意识到，需要寻找适应 21 世纪的新企业形态了。

针对 21 世纪的自我变革已经开始。只是考虑现有公司该如何继续是无法实现飞跃的，暂时脱离企业当前状况，思索在 21 世纪怎样的企业会获得更好的发展，反而会获得新的灵感。然后再以此为基础，回顾现在，考察现在应该做什么，会让变革更加容易。

我们首先来思考 21 世纪会变成怎样的世界。

日本人均 GNP 也许会从现在的 2.2 万美元增长为 3 万美元甚至 4 万美元。总之，21 世纪日本的经济实力从质和量上都可能达到世界一流水平。

另外，从美国等发达国家的动向来看，预计日本三次产业的就业人数将达到 75%。现在，东京就业人口中第三产业从业者的比例为 75%，可以说日本全国有"东京化"的趋势。

更为重要的是，全世界在制度上将日益趋同，经济将再无国境。包括从联合企业交易、交叉持股规则到建筑基本法和大商店法（大规模零售店法）等在内，在日本构造协议的过程中，美方共提出 240 个对日单独要求条款，而这些项目大多将在 21 世纪之前解决。

如果完全满足美方的要求会如何呢？这意味着日本将在制度上变成和美国一模一样的国家。

另一方面，美国要求去除排外壁垒的国家并不仅仅只有日本，还包括德国和韩国等国境屏障较高的国家。当这些国家敞开国界，那么全世界将在制度上实现极度的趋同化。其结果会导致日本、美国、韩国等国在制度方面变得难以区别。

考虑到这些变化，可以预见 21 世纪将是个与现在完全不同的世界。以往日本产业界拥有政府规则，业界凝聚力极强，能通过联合企业交易、交叉持股等加固企业联系，一旦陷入困境还有金融机构出手相助，并且能以低薪雇佣大量年轻劳动者。但这些好处在未来都将消失。

21 世纪将是无保护的世界，我们面临的对手也将变成全世界的所有企业。到时我们所在的公司要如何才能作为优秀企业生存下来呢？先将自己的公司放在 21 世纪的环境下来考虑变革的构图，会相对容易一些。

预计在 21 世纪，就业人口的 75% 属于三次产业。那么也就意味着在制造领域，日本国内从业员的 75% 会从事 R&D 或市场营销等三次产业相关工作。

此外，生产据点大多是 NIES（新兴工业经济地区）等，且可能分散于海外。那么企业当然会选择在生产成本最低的地方生产商品，然后将其销往价格最高的市场。这一流程将是今后最有效的手段。

而资本的国际化也将迅速推进。一旦生产据点甚至资本开始多国籍化，经营层也必然随之多国籍化。如果现在不做好准备将赶不上今后的变化。

薪资水准也将提高，因此像以往一样只单纯提高生产效率和加快自动化很难补足未来薪资成本的差额。

日本企业如果不能在新世界中成为世界一流企业，那么必然也不可能在日本作为一流企业生存下来。从前日本一流世界二流的情况将不复存在。没有国境意味着在世界获得成功的条件与在日本获得成功的条件将无限接近。

最大的难关是企业体制的转换

根据以上内容，我们很容易描绘出 21 世纪的新理念。但问题在于过去二三十年的成功模式和预想的未来经营模式之间必然会有决定性的不同。

日本企业过去成长期的典型模式是在发展本业的同时谋求多元化和海外推广。企业变化也不过是在不改变本质的基础上延续性发展，将基础做得更好就能作为"优秀"的企业生存下来。

但想象 2000 年的世界会发现日本企业所处的环境将彻底改变，各种障碍将被清除，以 2000 年为目标的话，今后仅仅死守当前模式是不可能达成预期的。"Do more better"不能完成目标，也不能成为优秀企业，这是如今我们必须明白的一点。换言之，今后的时代我们将面对的是截然不同的挑战。

因此，日本企业以新理念来进行自我变革的过程中将会遭遇过去所不曾体验过的困难。

最初的瓶颈应该是人事制度。只要优先日本人、论资排辈、终身雇佣等现有制度还存在，就不能实现新理念的改革。

接下来还有价值观的问题。事实上，现在采用封闭经济的日本所秉持的价值观在各方面都缺乏普遍性。日本员工被期待的生产力改善和合理化，也就是所谓的"舍己奉公"精神在其他国家根本不适用。

而更为困难的是文化方面的问题。业界文化也可称作企业体制，而只要该体制不做出彻底改变，那么新理念也不可能实现。

例如建筑业界，以往专注于投标、遵守交货期、降低成本等。而这种体制不加以改变的话，在要求创造性的开发与室内装潢工作方面将难以发展。

又比如证券公司，以往交易手续费占了收益的大半。这也意味着企业文化是想方设法让顾客交易。但从顾客角度来考虑的话，他们根本没有必要进行反复交易，只要提高收益就行了。

总之，所有企业面向 21 世纪都将三次产业化，且服务将变为顾客本位。而以往企业强大的原点，也就是传统的企业文化将在突然间变为企业发展的妨碍。

日本企业从前所发挥的是降低成本和大量生产的强项，然而这一文化却会成为今后自我变革过程中的枷锁。

即使面向 21 世纪构筑了新的理念，改革了人事制度，企业的习惯性体质和文化也可能成为终极难题。

但无论任何企业，不进行文化变革都无法迎接 21 世纪的到来。

大前研一

二、摘译——"多国籍企业"变革的六大关键

领导者是变革的体现者

企业活动就是不断适应变化的过程。利息上升、交易方经营恶化、顾客需求变化、劳动成本上升等企业所处环境每时每刻都在发生变化。优秀的企业能敏锐察觉这些变化且具有灵活应对变化的技巧（能力）及适应性。

但即使是优秀企业，偶尔也会遇到超越适应能力极限的变化，比如石油价格猛涨、汇兑规则突然改变、关税与贸易限制的废除、竞争企业开发出革命性的新技术、大幅度的放松管制、严重的熟练工不足，等等。通常的经营管理方式对于这类前所未有的大变化根本无能为力。

如果是通常范围内的薪资上升，那么可以依靠已有的降低成本对

策或自动化方式来吸收增加的成本，将产品价格控制在原有水平。但如果遭遇日元升值 100% 的事态，那么就很难避免出口价格的上升导致的竞争力降低了。

或者当贸易保护国被卷入世界性的贸易自由化浪潮中，面临关税、非关税壁垒的放松、废除时又该如何呢？这时原本通过给予国内优秀技术许可来实现国内垄断性制造、销售这一事业战略的企业，其生存基础都会受到威胁。

当昨天还能有效发挥功能的经营管理模式突然间无法运作时，经营者也许会感到愤怒、疑惑和动摇。而对应这种巨大变化的唯一方法是脱离传统经营方法，转而寻找本质不同的经营模式。

以之前的例子来看，即从输出主导模式转为当地生产、当地法人化，或者从许可生产转为自主研发技术，在经营战略上实现大转换。

经营变革要获得成功，有六大关键需要注意。

（1）领导者必须深刻认识到变革的必要性，并参与变革。

承诺进行变革的领导者决不能将变革视作别人的事，决不能采取旁观的态度，而是要亲自决定如何行动，有机会就对员工阐述变革理念，成为"变革的体现者"。

比如当领导者意识到业绩不佳并不是由于品质管理，而是销售能力太差时，他要做的不仅是号召销售部门加强工作，更要减少去工厂视察的次数，将省下来的时间用于去各地营业所倾听销售员的声音。

经营变革短则一两年，长则 5 年以上。因此倘若领导者不勇于亲自承担责任，在变革过程中就可能会遭遇挫折。

　　这就像是改变高尔夫挥杆动作一样。一个常年打高尔夫的人要将自己习惯的个人挥杆方式转为正统流打法时，一开始可能连自己的身体都控制不了，从而陷入困境。大多数球手此时都会遭遇挫折，然后选择回归以往的击球方式。但能够在困境中坚持进行练习的人却可以学会在飞行距离和方向上更为优秀的正统打法。

　　企业变革也一样。比如在放弃出口，投入当地生产的最初阶段，设立工厂的费用和当地员工的培训成本、优良供应商（合作者）的不足等都会让收益降低。

　　这种状态持续一定时间后，对当地生产化持怀疑态度的人之中就会出现不和谐的声音，变革也将面临半途而废的危机。

　　而领导者的责任关键也在此时。如果他能贯彻对变革的坚定意志，那么公司内部的动摇也会很快平息，让变革继续向着光明的未来前进。

　　（2）组建由主要管理人员构成的变革推进小组。因为无论多么优秀的经营者也不可能孤军奋战完成变革。

　　接下来的例子就是这种状况的典型案例。

　　某个认为技术开发能力是新事业成功与否的关键的领导者以"强化研究开发部门"为理念，要求人事部长尽快聘用优秀的研究人员。

　　但该领导由于忙于日常的经营工作，没有机会每天跟进变革的进展状况，于是在三个月后的某一天才得知对于研究人员的聘用几乎毫无进展，对此大为不满。

人事部长的解释是由于公司薪水制度无法吸引年轻而优秀的研究人员，认为应当改为更具吸引力的薪水体系，于是领导者命令其立即改变薪水制度。又过了几个月后，领导者再次向人事部长询问状况，却得到依旧毫无成果的回答。

事实上，引进人才难有进展的真正原因并不是薪水制度，而是缺乏吸引研究人员的研究主题，以及难以进行尖端研究的传统研究所的氛围。而领导者在提出改革理念的半年之后才终于发现研究所的风气改革才是瓶颈所在。

这个事例告诉我们的经验是，变革过程中会出现多种障碍，要尽快完成变革，就必须在一开始安排好能负责找出问题症结和解决问题的人。

领导者在变革中需要选拔用于推进变革的优秀人才，组成变革推进小组，并与该小组进行密切的沟通，在有必要的情况下也可适当给予小组一定权限，毫不动摇地关注变革过程。

（3）变革小组必须严守变革理念，成为达成该理念的变革领导者。

变革推进小组的责任是实现领导者所提出的变革理念。小组成员要通过多次官方和非官方的集体讨论，掌握本公司的现状及公司所处环境，讨论出实现变革理念的具体方法。

接着是提出变革推进上的问题点，从各种角度进行逻辑分析，摸索解决问题的线索。在通过反复讨论得到小组成员的一致认可后，可以暂时休整，成员离开室内小组前往公司外部，通过企业采访、市场调查、顾客问卷、焦点讨论等，再次认清现状。

经过不断努力，小组成员会逐渐变身为"变革的领导人"。参与变革计划制订的小组成员能通过这些活动在大范围内了解企业组织、竞争关系和市场，从而成长为公司内屈指可数的全能型人才。

从广阔的视角来看待本公司状况，让他们在对公司组织内的人解释变革必要性时更加具有说服力，作为变革的领导人也能得到更大的信任。并且通过长时间坦率的意见交流，小组成员之间也能形成信赖关系与共通的价值观。

变革推进任务责任重大，同时也是具有极大价值的工作。实际上，参加过该小组的人往往都会表示这是他在职业生涯中最为充实的体验。

（4）给予变革领导人执行上的要职。

拟定变革计划后，紧接着就是执行。如果整合无效率部门和人事变迁等变革执行较多的话，往往会带来企业阵痛。而倘若变革推进小组仅仅只作为单纯的变革咨询委员会存在，那么在组织权力面前，所谓的变革不过只是空谈。换言之，就是必须给予变革领导人能超越企业北部权术制约的权限。

领导者在选择变革领导人之初就应当考虑到这一点，挑选占据企业要职的合适人才。

但这并不意味着只能从已有的上级管理层中挑选变革领导人。假如事业本部长十分抵触变革，那么就选拔副本部长，领导者以在本部长与副本部长之间斡旋的形式来推进变革。人事权是 CEO 所独有的武器，若不能有效利用它，将不利于变革。

（5）变革领导人必须领会执行变革的管理模式。所谓变革领导人的模式，指坦率而活跃的交流、对风险和失败的容忍度、在达成变革目标前的忍耐力等。

第一，变革领导人应当寻找机会，与组织内的所有阶层进行坦率的对话，在让公司内部渗透变革理念的同时，了解并掌握组织所存在的各种问题。

比如每月定期开会，让员工有机会尽情抱怨或阐述遇到的问题等。此外，也可利用年初问候、企业内刊、企业活动等传达变革的信息。

第二，变革领导人不应当害怕风险和失败。为了获得在竞争中制胜的方法，需要运营实验性计划或导入临时组织等，尝试各种试验。通过这些尝试，逐步弄清为什么进展不顺或接下来该怎么做。

第三，变革领导人切忌对变革急功近利。比如在进行了组织改革后期待销量立即增加显然是不现实的。通过改变组织，改变企业风气，制造出满足消费者需求的产品，结果自然能实现销售额的提升。但倘若急于求成而给企业组织多余的压力，反而可能破坏好不容易形成的新企业风气。

（6）改革企业组织所有人的行动模式，构筑实施新理念与新战略所不可或缺的企业能力。

最近，"控制战略的人就能控制市场"这一思维成为主流。但如今执行战略所需要的技能，以及培育这种技能的能力才是决定竞争优势的关键所在。

现在仅凭出众的战略已经很难确保竞争优势了。进入高度信息化社会后，企业的经营战略基本大同小异。比如服装业大多是以特定的市场领域为目标开发个性商品，电脑产业则大多是改良半导体材料，通过高密度安装实现高速化和大容量化。

总之，如今的竞争优势是指必须比其他企业更早、更高水准地获得执行战略所需要的企业能力。

以具有卓越成长率的万豪国际酒店为例。万豪的经营战略非常简单明了，即"以优秀的服务满足顾客需求"。这一战略确实平淡无奇，其他连锁酒店也能轻易模仿。然而万豪的优势在于卓越的战略执行能力。它在酒店位置的选择、适应当地风格的建筑物设计与施工、酒店的迅速开张，以及市场营销等方面都十分出色。

并且最吸引住宿者的还是万豪始终如一的高品质服务。这一秘诀让 200 多万名员工都具备"贯彻细节的眼力"。

万豪酒店对于细节的掌握还有这样一则小故事。企业主比尔·万豪在造访某万豪连锁酒店时发现酒店餐厅的丹麦酥皮饼上没有撒上糖浆，于是立即叫来负责人，要求对方保证今后绝对不再犯类似错误。

此外，万豪酒店甚至对于铺床都制定了 66 个注意要点，命令服务人员必须严格遵守这一系列详细规则。

明确战略与能力之间的关联

麦肯锡公司仅在过去三四年间就参与支持了 200 多家企业的技能培养。根据这些经验可知，战略与能力之间的联系对于变革具有压倒性的关键作用。

例如达美乐比萨的座右铭是尽可能在 30 分钟内将比萨送到顾客手中，那么这就需要具有迅速处理顾客订单和飞快制作比萨的技术。

企业在决定战略后，自然就需要与此相对应的能力。但大多数企业的现状却是即使明确了两者的关系也难以正确执行。

此外，怎样的能力是具体需要的，往往也是很多企业感到棘手的难题。比如百货公司号召提供一流的顾客服务，然而却仅仅是空谈，并不具备具体的相关服务技能。

家电产品这类技术性商品需要高度的产品知识；高级服装产品需要时尚理解能力；日用杂货和食品则需要温和的笑容及敏捷的应对技巧，诸如此类，针对商品研究具体的能力内容非常关键。

企业组织要获得新的能力绝非易事。但幸运的是，只要人们能理解现在自己应该追求什么，理解这种能力对于企业组织具有多么重要的意义，就可能发挥出令人惊讶的适应力，学习新的技能。

总之，构筑企业组织能力是否成功，取决于领导者能在多大程度上了解变革，且是否将变革理念明确地告知组织内部，提出了具体的能力问题。

高井正美

原题 "Managing Major Change:Lesson from the Change Management Center"

作者 Douglas K.Smith（纽约事务所员工）

原题 "Removing the Bottlenecks to Change"

作者 Roger M.Dickhout（多伦多事务所员工）

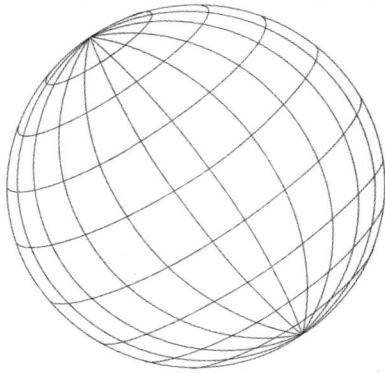

第七章

无国界管理革命

一、解说——无国界管理革命

关于今后的市场营销

展望今后的世界，预测将要发生的变化关键词，那么一定是"Borderless（无边界）"。

进入无边界社会则意味着全球化与地区化这两方面的事业将同时展开。以国际化为目标，采用世界共通的理念来发展项目与适应当地特色设计商品，进行制造和销售，回收投资资金，拿到分红，这两种方式将分别进行。

从营销的领域来考察该变化，则意味着全球性定位（根据世界各国市场进行商品的选择性定位）的重要性将进一步提高。其中既包括日美欧共通的定位，也包括绝不共通化的定位。

关于这一点，在 1990 年 11 月由 PRESIDENT 社出版的拙作 *Borderless World* 中曾以汽车为例。欧洲要求汽车能够满足长时间长距离高速行驶，且在狭窄道路上转弯时不降低速度，还拥有宽敞后备厢这一系列条件。而美国则要求能在高速路上长时间低速行驶的车。至于日本，由于运输省有各类规定，所以首先需要符合规定。总而言之，能同时满足这些国家的所有条件的国际型汽车是不存在的。

那么无限地按国情、年纪来对商品类型进行用途细分是否可行呢？答案是否定的。

针对一种类型的产品进行单独开发会增加开发成本，也会提高管理的零件库存上限。种类的增加当然会带来双倍的管理成本。

选择对市场构成比的八成提供商品，再持有剩下的 15% 的"强者战略"（也就是以市场的 95% 为目标市场）所花费的成本是仅以八成为对象，从一开始就放弃其他两成的方法的两倍。

要不增加成本，就必须实现开发共通零件和共通设计技术等规范化。这样一来，从顾客角度来看，满足需求的类型更为多样，同时从产品内部来看，又能以设计开发技术尽可能地将商品种类控制在合理范围。

在追求商品种类多元化时，只要能以有限的成本确立完善的"商品系列规模"，就能成为世界的"一流企业"。

以顾客为本的态度不可或缺

如今发达国家顾客的共通倾向是对于过多的商品种类而犹豫不决。比如在销售电话时推出留言电话、便携电话等多种商品，反而会让顾客不知道究竟哪一种才是最好的选择。

世界是有一定规律的。所以有的方法是针对某个目标推出商品并获得一定程度的成功之后，在某个时间点突然转而设计完全相反的产品。

当某个企业展现出追求细化定位的态度，并且带动竞争企业也往细化定位的方向发展时，该企业在突然间一反常态，转而推出一个就能满足所有用途的商品，往往能大获成功。例如将洗发水和护发素合二为一的产品曾风靡一时，就是这类典型例子。在美国有几百种用于做菜的香料销售，但最终却是百搭的"四季"款香料最畅销。当然，这种通用商品的命名（比如 no problem、All in one 等）也非常重要。

但是这种开发与商品设计如果不能无限地贴近顾客则毫无意义。贴近顾客意味着抓住了创新的契机。无论是立体声唱片还是汽车，如果不是非常了解使用者情况的人，是不可能设计出优秀的商品的。

以往日本企业的典型商品企划手法是先进行简单的市场调查，再听取经销商的意见或是海外部门的建议，总之采用的是无限远离顾客的方法。

而这种方法所导出的结论只会是应该如何改良现有商品的缺点，或者模仿其他企业畅销的类似商品。这样一来只能陷入与竞争对手低级竞争中，要期待创新是不可能的。

日本企业以往都是在进行以血洗血的激烈竞争。比如对 CD 等商品做不必要的降价，进行无谓的价格战，导致小商品价格迅速下滑，最终任何企业都无法从中获利。

此外，在录影带和音乐磁带的世界市场上仅存几家日本企业的现状也无法制止他们继续彼此厮杀。即使是日本统治世界的电脑与传真机领域，过度竞争所导致的降价也让企业几乎无利可图。

在半导体领域，日本企业虽然凭借产品价格与品质的压倒性优势确立了对世界市场的支配地位，但过度竞争也引起了价格暴跌。幸好由于美国的抗议，出口量和价格受到管控，才中止了日本引发的竞争。也许日方认为美国的规则措施和日美结构协议使日本不得不接受来自美国的无理要求，但就其结果而言，这反而成了日本企业的"救生船"，其真相是让日本企业获得了不少收益。

如今，日本必须摆脱这一恶癖，以贴近顾客的方式来夺取世界市场。

商品或服务应该如何让顾客接受，或者应该如何推广，这是企业必须综合性掌握的问题。在全球化过程中，这些作业是必需的，但仅仅维持公司结构的现状而不思改变，则不可能解决问题。

日本企业的意识改革是当务之急

要应对即将来到的"Borderless World（无边界世界）"，最重要的措施是包括领导者在内，从营销、销售、物流到设计、工程部门的所有部门都要培养了解世界现状的人才。

这些肩负着未来希望的人才所必须具备的条件是有长期在海外

生活，或多次造访海外的经验，也就是对于海外情况有切身体会的人。因为没有过实际体会的人仅凭纸上信息或单纯的经销商情报来设计商品的话，往往会导致目标商品受众过于狭窄，或是提供错误的商品。

如今对于将全球化市场视作目标市场的企业而言，现状显然并不值得期待，不过是"山中无老虎，猴子称大王"罢了。对于这样的企业，"Borderless World"的到来无疑是一次绝好的机会。

换句话说，全球化所带来的挑战也是企业改善体制的挑战。这一挑战能否获得成功，关键在于拥有多少能综合性把握世界市场及其现状的人才。

日本企业在培养人才时所面临的最大障碍是"步伐沉重"。首先，如果一个人每年去海外20次以上，那么自然就会具有全球化的世界观。但每年能出差海外20次以上的人并不多，即使假设可以，那他很可能也已经对此十分厌倦了。

我之前曾与不少全球性企业的支柱人物交换过意见，发现处于优秀企业第一线的人往往脚步轻盈，对于了解世界永不厌倦，并且这些人的世界观都极为相似。"Borderless World"的到来对于优秀的人才而言已经是默认将会发生的事了。

原巨人球队的选手王贞治在现役时代曾在家中苦练擦垒的击球技术，当时他曾说过"练习到一定程度后，球在自己眼中是静止的"。通过修炼达到某个阶段后，就能打开另一个世界的大门，这一点在音乐界、艺术界，以及市场营销上都是通用的。频繁前往海外后，能自然而然地发现顾客原来需要这样的东西，而偷懒耍滑是绝不可能得到任何成果的。

"Management By Walking Around（走动式管理）"——也就是通过走动来收集信息并做出经营判断，是传统的优秀企业特征。但今后如果企业不能以"Management By Flying Around（飞行式管理）"——也就是通过飞行于世界各地获得经验并做出经营判断的话，恐怕将难以生存下去。

然而，即使国际化呼声已经如此高涨，日本经营者中能熟练使用英语的人才却在日益减少。而欧洲的现状截然相反。德国、法国、意大利等非英语圈的企业领导者几乎都能用英语侃侃而谈。日本经营者在国际会议上作为日本代表发表演讲的人在这十年间几乎都是那几个熟面孔。经营者的语言能力毫无提高。我在工作中经常遇到外国企业要求我介绍在日本担任要职的实力型经营者，但我的答案永远都是固定的几个人，整个日本符合条件的人一只手都能数得过来。

后述的论文是由美国政府委托，以美国企业为什么会失去国际竞争力为主题进行研究，而在研究过程中，仅考察某一部分行业失去竞争力的原因（原文刊登于《哈佛商业评论》杂志）。

以往大多数美国企业都认为"凭借先进科技就能在竞争中取胜"，往往不倾向于将 NIH（Not Invented Here）——也就是非自己制造的东西引入商品线。但随着无边界化的发展，现在各国企业都纷纷从外部导入各种领域的世界最先进科技。虽然有一些行业很难依靠外力，但一般而言，内制化程度过高会导致新科技导入缓慢，很难迅速吸收创新产品，从而影响企业的存活。

当然，这里所说的美国企业竞争力低下并不是指美国所有企业。例如在流通、金融、食品加工、医药、服务等领域，美国的商品开发依旧是最先进的，具有压倒性优势。

日本的产业的确也在变强，但认为日本企业整体都在变强则是错误的。在某些领域，由于垂直统一管理过度发展的制约，日本企业谋求进入市场却只取得了部分胜利。

此外，美国的组装工业及航空航天业也大量吸收了意大利和日本等国的先进技术，其典型例子就是波音公司。在领导者具有决定权的企业，当他认为某部分更适合外部订货时，就会决定完全外部订货，公司只负责基本设计和最终组装。

即使在号称失去竞争力的美国，具有世界性眼光、领导者能当机立断的企业也毫无例外地推进着让日本企业汗颜的全球性零件调配、全球性通用技术开发。

总之，与其说企业和产业的竞争力是国家与业界的问题，不如说它是每个企业在应对经济全球化时的"企业态度"问题。

从这个意义上来说，要进入世界前列，在"Borderless World"中生存下来，日本企业的内部意识革命才是当务之急。

大前研一

二、摘译——提高商品化能力的关键

"尖端技术信仰"的误区

随着商业环境的变化，企业将科技作为新产品或新工艺导入市场的商品化能力变得越发重要。科学技术的改良快得令人惊叹，世界性规模的企业竞争也日益激化。随着市场与消费者实际收入的增长，购买活动越来越精准定位，并更加多样化。

在这种状况下，企业要在未来继续保持竞争力，光是拥有优秀的科技是远远不够的。企业要在今后获得成功，就必须将更多的科技以最快的速度制成更多的系列产品投入到最大的市场领域。

最近许多美国企业都出现了认为"只要拥有尖端科技就能在竞争中获胜"的思维。但现在国际经济飞速发展，各国企业在制造某个产品时完全能够通过从外部导入全世界最先进的零部件来完成。因此，仅凭尖端科技已经不可能在竞争中占据优势了。

各种观点都指明了美国产业的国际性竞争力低下。其理由大多是美元过于强势、成本资本高或低生产性低、贸易不平等或教育系统低效，等。

但在电脑打印机、中档复印机，以及医疗品等竞争激烈的市场中，有的美国企业表现依旧出色。他们为什么能获得成功呢？还有为什么其他国家的企业能获得成功呢？

根据我们的调查，能否成功取决于企业的高层管理如何管控科技的商品化。也就是非"国别不同"，而是"各企业不同"的问题。

对于企业而言，"商品化能力"究竟是指什么呢？我们又该如何测试它，如何提高它呢？接下来就试着思考这方面的问题。

商品化是以符合消费者需求的科技或工程学的进步为基础，开发产品或工艺。商品化的过程依次是设计与开发、生产、市场营销及改良。这些步骤每一个都与多种商业功能密切相关。比如概念的开发就与市场调查、设计及市场营销功能相关联。而开发则与设计、生产及新产品销售相关联。

因此，商品化并不是单纯的 R&D，而是各种流程的集合体。如果不能协调市场调查、开发、生产、市场营销等所有步骤，那么商品化也不可能获得成功。所谓商品化能力，也就是指管理这所有流程的综合性组织能力。

测试商品化能力的要点

那么该如何测试商品化能力呢？应当从以下四点来考虑。

一是截止发售所需的时间

在基本技术大面积推广、产品寿命普遍较短的现在，企业成功的关键在于是否能尽快将产品投放市场。

但大多数管理者并不能充分理解先行进入市场的好处。而即使是了解开发追加费用或制造预算超额等会造成收益降低的管理者也不能预测开发周期延长 6 个月会造成多大的损失。

激光打印机市场以每年 20% 的速度迅速扩大，但同时每年降价 12%，等于平白吐出 1/3 的利润。而另一方面，开发预算超 300% 却只会减少 2.3% 的利润。

二是市场范围

技术开发的费用很高，因此，企业必须以该（固定）费用开发尽可能多的产品，并将其大范围投放市场，否则将很难维持价格竞争优势，也无法改良产品。

比如本田就选择将开发费用分散用于多个产品。该公司在大幅投资开发新型油缸时，就致力于将该技术应用于摩托车、轿车、割草机及发电机等。

三是产品种类

如今随着市场的细化日益发展，在产品线范围内能尽可能生产更多种类符合市场需求的产品的企业更有优势。多数制造商都发现生产种类的数量与销售数量是成正比的。

比如引领家电市场的卡西欧在最近十年间所推出的产品数量是位于第二的夏普的 2.5 倍。对于能够选择合适的产品投放特定市场的企业来说，市场的细化能给他们带来更多的机会。

四是技术吸收的范围

现在各种实用性的科技在市场上层出不穷，企业已经不需要靠自己开发所有技术了。吸收大量先进科技用于本公司产品在今后将会更加重要。通过利用全世界最新科技，让企业能够将更具性价比（性能）和品质的产品提供给消费者。实际上，消费者所追求的性价比与品质也在逐年提高。

复印机市场就很好地体现了这一点。10 年前，复印机所必需的技术为以下三点。首先是机械带动纸张，其次是操作镜片与光源对准焦点，最后是混合墨粉。市场竞争也仅围绕着对这三点的改良与发展。

如今这三点虽然依旧是必要的，但仅有这些已经远远不够了。制造商必须掌握控制硬件和软件、有机物感光剂、面板显示等其他领域最新技术。要维持今后的市场竞争力，这些领域的技术一个都不可少。倘若在某个领域慢人一步，则有可能导致丧失竞争力。

正如之前所述，测试商品化能力的四个重点在不同的企业也有所不同，但绝大部分企业都需要重视这四点，才能提高自身的竞争力。

成功与失败的分岔口

纵观成功企业，其成功秘诀大多在于他们的商品化能力。而研究这些企业究竟具有怎样的商品化能力后发现基本分为四种现象。

第一种现象是具有优秀商品化能力的企业能明确地将商品化能力作为优先课题。

能有效进行商品化的企业将商品化流程定义为"包括研究、开发、制造、市场营销，以及导入后的产品改良"。而一般的企业却往往只单纯地将商品化视作 R&D 的同义词，并误以为只要增加支出就能改善 R&D 成果。

20 世纪 80 年代中期，某美国的半导体企业正陷入世界性竞争的泥沼中。该公司的高层管理者为了稳固其主导地位，制定了以品质改善、最尖端制造技术、最优秀顾客服务为核心的方针。然而他们却有意识地将商品化、创新，以及技术性领导力放在了优先课题之外。因为他们认为这些课题对于从业人员来说是理所当然的，没必要作为优先课题特意提出来。

然而企业组织下层的人显然无法理解这种微妙的想法，于是他们将所有精力都用在了重新定义的（极其狭隘的）优先课题上，导致该公司在商品竞争中落后。

第二种现象是是否设定了测试商品化进度的目标。在商品化中获得成功的企业必须确定某个能保证其领先优势的主要技术，或者设定某个能展现价格和产品特色的目标，以此促进商品化行动。该目标可以设定为"开发时间缩减一半"等，且必须能够测试进度。设定少量目标，并通过薪水体系或训练体制等给予长期支持。

第三种现象是确立综合性商品化管理。因为无论在功能上有多么优秀，也无法确保商品化的成功。

以某欧洲医药品企业为例，将其与合作的美国医药品企业作比较会发现，虽然两者为了某特定医药品的开发和市场营销缔结了合作关系，但欧洲企业在开发周期上却一直落后于美国企业。

该医药品必须进行化学和生物医学的两种实验，欧洲企业在这两个领域都十分优秀，但这两个实验小组分别在相距 5 千米的地方修建了不同的建筑，且彼此之间几乎毫无交流，也没有设置负责协调两者关系的人。

相反，美国企业却并不是按科学领域而是按开发阶段来分组，并且设置了监督开发过程的管理人，让一个研究所的一个小组同时进行两种实验。于是欧洲企业需要分析 6 周的东西，美国企业仅需 3 天就能完成。

第四种现象是管理人是否为了实现行动与决策的快速化而积极参与其中。如果他们没有以优先课题为基础采取行动的话，那么优先课题的重要性将减弱。

　　成功的企业高层管理者为了强调商品化的重要性，会时常让开发相关人员感受到它的存在。即使像 3M 和惠普这种自由放任型企业，高层管理者也曾在采访中表示"我们也会插手一些对商品化而言比较重要的事"。

　　今后在制造商品时，仍然会继续以天才的直觉与科学上无数或大或小的发现为基础，但仅凭这个已经远远不够了。

　　了解所有商品化流程的人之间的横向协调成为必要条件。要在竞争中长期制胜（也就是保持商品化能力的优势），统一管控的方法至关重要。

　　商品化能力的改善首先需要由高层管理设定具有野心的经营理念和目标，并以此挑选出合适的优先课题，然后确立综合的商品化管理技术，针对商品化项目做出迅速的决策。而会对开发相关人员的行动造成障碍的诸般规则、步骤、方法和工作模式都必须进行修改。如果忽视这些，那么可以预言该企业将无法在未来生存下去。

紫野博高

原题 "Commercializing Technology：What the Beat Companies Do"

作者 T.Michael Nevens（洛杉矶事务所员工）

Gregory L.Summe（亚特兰大事务所资深顾问）

Bro Uttal（纽约事务所资深科技顾问）

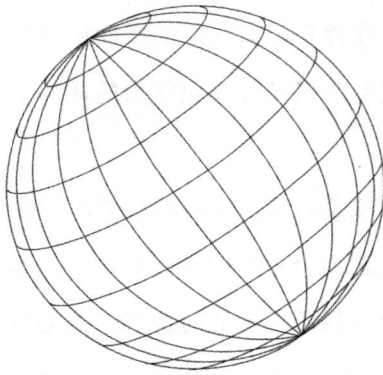

第八章

日本企业"并购后管理"的不合格

一、解说——日本企业"并购后管理"的不合格

日本企业的收购成功率为 5%

日本企业以前曾收购了不少欧美企业，但根据我们的调查结果来看，每 100 个中只有 5 个获得成功，也就是成功率仅为 5%，是后述 James S.Blloun 的论文中所提到的欧美企业 30% 成功率的 1/6。

造成这一结果的首要原因是选择收购企业的方法与收购过程过于拙劣。很多企业是由于投资银行等提出的企划案即将到期，于是在短时间被迫决定"被收购"。而这种被迫出售的企业内部往往存在冲突，无法进行长期投资，在经过多年"榨取"之后已经是一个空壳子。换言之，它根本不值得购买。尤其经过欧洲或美国的联合型大企业榨取后，更容易出现这种危险的情况。

95% 发展不顺的收购例中，一半以上都属于上述情况。这是希望推动多元化发展而收购不同领域公司的企业最容易落入的"陷阱"。

当企业想发展多个事业时，如果没能明确现在自己究竟需要什么，往往很容易进行冲动性收购。当收购到毫无价值的企业时，悔之晚矣，最终只能换掉经营干部，如果收购对象是制造商的话就关闭工厂，一切从零开始，从而导致时间和资金的莫大浪费。

第二个原因是评价待收购企业的方法还没能得到普及。美国有麦肯锡公司所开发的名为"五角模型"的企业评价系统，如今已经成为判断企业价值的惯用方式。

但遗憾的是，类似这种定量评价方法在日本还没有被广泛接受。因此，对于收购案的决断大多都仅凭负责人的个人好恶或直觉。此外，即使是具有收购价值的优良企业也可能被对方坐地起价，最终支付过高的金额。

要避开这种"陷阱"或避免高价收购，企业本身必须具备简明的国际战略。只要具有今后企业处于国际市场的全球性战略和理念，就很容易弄清需要收购的对象应当满足怎样的要件。"先发制人"——也就是自身积极的态度是必需的，仅处于被动状态很难获得成功。当对方提出收购请求时，企业内也必须有能在短时间内对其做出评价的工作人员。

收购未满三年的管理

选定收购企业，顺利走过收购技术阶段后，就将面临项目管理方法（Project Management Methodology，PMM）的问题了。后述论文直接讨论了如何克服合并后将面临的经营问题，但其实这与企业收购后的组织运营是相通的。

日本企业的现状是无论多么优秀的企业在进行收购之后，实际上大多都没有能参与被收购企业经营的人才。

当然，即使在欧洲企业，这种人才也十分稀缺。但在这数年间，由于欧洲企业在美国积极进行收购，使得经营者中能轻松应对美国企业并融入当地的人才也日益增多。

从悲观的角度来说，收购后的经营是相当困难的，即使是美国企业收购美国企业，成功概率也不过 1/3 左右。如果是日本企业的话，将要面临的障碍会更高。但只要针对问题仔细研究，也能找到克服困难走向成功的方法。

至于企业收购后将要面对的问题，大致可分为三年内发生的问题和三年后凸显的问题。

三年内的问题首先是负责人针对被收购企业缩减经费的问题。这种情况多发生在美国企业之间，即在充分了解被收购企业之前，几个工作人员以某个其他同业公司的数据为依据，在没有仔细观察被收购公司的前提下进行成本削减。

推进企业收购的人往往急于得到成效，所以往往会优先根据可见的数据来做出判断。而在被收购企业缺乏己方管理的前提下，先对其经营层摆出高压态势，对显而易见的库存、经费及后勤人员进行削减，进行大刀阔斧的改革。此外，对于与母公司共通的 R&D 和本部机构功能，也认定无须保持原有规模，对其进行大幅削减。总之以数据理论优先，按某个比例系数来计算该数据，或者一律削减，或者根据业界平均值来推算，基本都只凭借某个极其简单的依据。

　　企业的决策方法或者对于组织功能形态的理解，最少也需要一年左右的时间，但不少企业由于急于回收收购资金而大幅削减成本。这就像是没有经过诊断就开始治疗，而无视企业生态的结果往往会陷入功能不全的困境，或者反而导致业绩恶化。这也是美国企业收购时PMM的典型。

　　相对地，日本企业收购美国和欧洲企业时，在最初两年反而能得到被收购企业内部的高度评价。这是因为日本企业在不了解对方情况时，大多只选派人员担任当地管理者之后就不再插手，只作为旁观者观察状况，因此能得到比以往经营者更好的评价。在一些极端例子中，日本企业甚至会在报纸上发表"经营完全交给现有管理小组"的宣言，而这会导致PMM的自由度减半。

　　这种袖手旁观的态度往往会导致难以插手被收购企业的运营。丧失提出建议的机会，无法制定必要的改善措施，最终会导致事态进一步恶化。

　　无论东方还是西方，收购都是一件难事。对于合并的难点，这里以欧洲的爱克发公司为例来进行说明。它是由比利时的爱克发公司与德国的格瓦拉公司合并而成，并且成为德国综合化学公司拜耳旗下企业，但在合并过程中，对于究竟应该由比利时人还是由德国人掌握经营权产生了分歧。

　　最终是由德语流利的比利时人雷森会长入驻德国的格瓦拉公司，

并进行了大刀阔斧的改革。像这样即使同为欧洲人，两个企业能顺利进行文化融合的例子也十分少见。

在这一点上，日本和美国是一样的。但对于没有欧美大企业这种经营实力的日本企业而言，在收购资金能力和技术能力都十分出色的企业时，所遭受的阻力将更为明显。语言不同、文化不同，这些将会给收购带来多大的难度，须在收购之前做出预估。

如何经营被收购企业，关键在于是否掌握了人的心理。

第二个需要重视的是，收购之后有两年的所谓观察期，在此期间派遣的人员与接收方之间需要实现很好的交流，并确立企业体制，从第三年开始则必须以新形态开展活动。认为三年后依旧只是合并最初期的看法显然是不现实的。

第三年将遭遇的第二个障碍

当越过了这些关卡后，企业收购将面临第三年的障碍。最初的两年大多充满了紧张感，需要双方协力来保持公司良好运营，也能从中获得一定成果。但进入紧张感减缓的第三年之后，彼此之间相互较劲，争夺各自利益的情况将会凸显，往往会产生各种摩擦。其中尤其容易导致巨大失败的原因是总公司依旧不做任何改变。当派遣的人员发生了变化，接收方也发生了变化之后，总公司还保持不变，这种例子非常常见。

作为收购方的总公司组织致力于推进国内事业。当然，在其中工作的人也选择以国内优先。这种面向国内事业的体制所习惯的做法也会影响正在成长中的被收购企业和经营层。

比如总公司可能会要求事业计划按照某个表格来实施，连会计都按总公司的会计基准实行一条龙政策。或者原本当地人的薪水较高，却责令人事部门将其改为与日本同薪。

并且当日本景气不佳时，还有不少企业会对被收购公司下达日本式节俭政策，要求节省每一张纸每一支笔，甚至有可能以日语下达该通知。这类过度干预的例子不胜枚举。

进入第三年后，还可能出现与之前截然相反的弊端。如果领导者"把被收购企业的经营交给当地人，雇用当地优秀员工"，并禁止总公司干预被收购企业的话，那么到第三年时，总公司部门和间接管理人之中可能会出现反对之声。领导者越是禁止干涉，反对之声越是高涨。在最初的两年，员工还能勉强遵守命令，但继续下去则会引发不满，开始排斥被收购企业。

这样一来，总公司将很难将被收购企业视作同伴，而在领导者不知情的情况下否定事业计划、削减预算、突然召回派遣过去的优秀人才等，都是在玩弄被收购企业。在这种状况下，被收购企业永远都会被当作"多余的东西"对待。没有正常的人事交流，被收购企业只被寄予分红期待，最终也就只能停留在"金钱关系"这一层面，那么收购的意义何在呢？

以往在海外市场中获得成功的日本企业，比如 YKK、本田和松下电器公司，几乎都是在全新的绿地中从零开始发展。而吸收异国文化，像驯马一样实现企业并购成功的先例还从未有过。

总公司必须做出意识改革

包括企业收购在内，日本企业如果要在海外获得成功，那么即使花上 5 年或 10 年，也必须对总公司进行意识改革，以应对全球化。

日本企业一直以来习惯于每年 4 月从高校招聘应届毕业生，而不喜欢提拔中途录用或当地采用的人。即使在全球化时代，日本如今仍然保留着"当地子公司"等带有蔑视或区别对待的称呼。总公司部门如果真正打算改变，那么自身首先必须进行彻底的意识改革，承认被收购企业并不只是一个单纯的服务机构。

为此，在收购之初，领导者就应当推进总公司的意识改革，在两年内让当地负责经营，但同时也要在此期间让当地逐步习惯日本模式，开展各种活动，拓展交流空间。其中最重要的当然还是人与人的接触，没有频繁的人事交流是绝不可能成功的。这不能仅限于"人情往来"，需要花 3 年左右的时间来让双方确定共通的目标，并为该目标设定达成它的程序，在实行过程中统一思维。

从日本派遣的驻外员工的态度也是问题所在。以前被派遣海外的员工都抱有 10 年甚至 20 年驻扎海外的决心，但最近大多只驻外两三年就回日本了。员工以"因为小孩的教育问题，希望最多 4 年能回国"等借口抗拒长期驻外。而这种员工当然一心向着总公司，根本不关注当地市场。

此外，能进入大企业的人大多是通过激烈竞争的胜利者，缺乏承担风险的能力。加之大企业员工多数倾向于稳定，认为"大树底下好乘凉"，并不会认真思考如何面对国际化，不少人的态度仅仅是"想在海外销售商品那就出口好啦"。无论是领导者还是员工都只有强烈的升职意愿，想尽早得到结果，反而没有意识到在某些情况下迂回的重要性。

播下种子、构建系统、想融入当地的人反而会遭受来自总公司的白眼，最终被组织排挤。

而最近有些人还进一步出现了自傲的态度，凭借资金与技术能力的优势强行将日本规则推给被收购企业，也就是以实力决胜负。并且这种人还会沉浸在"日本人更聪明"的种族优越感之中。

虽然以往日本企业企业并购的成功率极低，但这些失败的经验却很少共享，这也成为很大的问题。其原因之一是大众很少会宣传失败的例子。在海外事业中，光与影、成功与失败是很容易区分的，但大众一概只选取光明的部分。此外，企业也往往只公开成功案例。因此提及海外事业，常常都只会介绍 Kikkoman、日清食品、本田、索尼、YKK 等例子。

日本有"败军之将，不可言勇"的俗语。以失败告终的经营者往往会闭口不谈过往。即使有极少数敢于提出失败案例的情况，从整体来看也实在是沧海一粟，而且几乎不会披露失败背后的真实部分。

加之企业并购失败时，其负责人会被贬为闲职，没有机会"传达"

为什么失败的教训，也无法在公司内共享。在某些极端情况下，某个事业部曾犯过的错误，还会在另一个事业部重现。

与时间和资金息息相关的企业并购对于日本企业的国际化而言是不可或缺的手段。积累这方面的经验和教训，建立评价机制，是目前的当务之急。如果不尽早设立能在企业内部逐步积累包括失败教训在内的企业并购经验的系统，今后将不可能获得成功。

让海外收购的公司很好地接受本公司习惯，又不能使其丢失原有的优点，这种力量的平衡是极其困难的。要让不同文化的人共存，改善自身体制是必要条件。然而，目前以这种认识和觉悟去做企业并购的经营者几乎是不存在的。

后述论文作者 James S.Blloun 是我前一任的东京分总经理，他曾参与过包括日本企业在内的多种企业收购。该论文就是将其丰富的经验汇集而成。

企业收购的难度足以匹敌瓦斯科·达·伽马从好望角迂回往返葡萄牙与印度航线，要越过波涛，必须有相当的决心。如果在没有明确改革意识的基础上进行收购，无异于在没有航海图的前提下冲向暴风雨中的大海，其结局不言而喻。

大前研一

二、摘译——将收购导向成功的五个步骤

通过项目管理方法在收购后的企业经营中获得成功的企业非常少。最近美国与英国提出的 97 个样本中，成功的案例仅占三成（图 8-1）。尤其在当代，必须支付高额溢价才能进行收购，否则要让收购获得成功更非易事。

首先来看必须在收购前制定的评价方法。麦肯锡公司将自己制作的多角度企业价值评估方法称作"五角模型"（重组评价模式），其主要内容包括以下几点。

（1）计算出发行股票的市值总额。

（2）评价其资本市场的认识和实际状态。按每个事业部过去的成长率来估算未来的现金流量，通过去掉资本成本来算出现在的理论价值。

（3）通过改善战略与业务，计算能产生的价值。也就是以各事业部的业务为目标值，计算改善后的现金流量，与（2）一样算出价值。

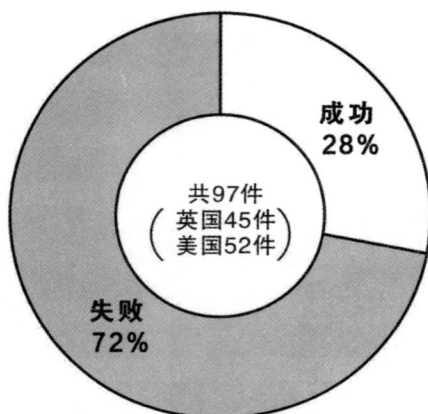

注：至1986年为止，对1972年至1983年间的收购事例进行调查。

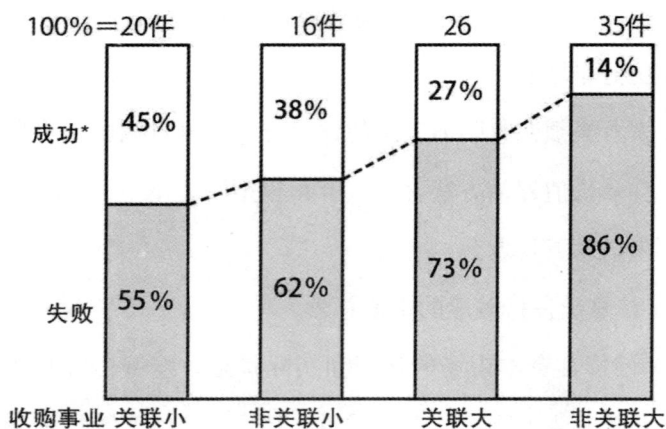

收购规模=被收购企业的收购价格占收购企业市值总额的
　　　　10%以下为小，此外为大。
*能得到高于收购方资本成本的投资回报。

图 8-1　英国和美国主要收购案例

（4）对出售和清算也进行评价。计算分割各部门后出售或清算时的价值总和。

（5）对所有企业可利用机会进行评价。也就是包括部分事业部门的出售在内，对经营资源分配进行重新检讨，并通过业务改善计算价值总和。（1）和（5）的差别在于（5）计算了可利用价值。

麦肯锡公司的评估方法对陷入收购后困境中的企业给予了建议，帮助其走向成功。而根据我们过去的经验，导向成功的关键在于收购后的过程管理。

那么接下来就介绍这种过程管理所使用的 PMM 构架。收购之后，高层管理者所计划的过程整理为由 4 个 P 所代表的准备阶段和执行阶段共 5 个阶段。

（1）PURPOSE：明确收购目的，进行目标设定。

（2）POWER：新经营层的确立。

（3）PEOPLE：消除内外相关人士的不安。

（4）PROJECT MANAGEMENT= 由特别工作组来掌握现状和解决问题，负责战略计划的立案与组织设计。

（5）战略的执行。

最初的三个阶段——PURPOSE、POWER、PEOPLE 是在决定收购后要同时快速推进的，而后两个阶段则按顺序执行。以下将对这些内容进行解说。

第一是 PURPOSE= 目的明确化。

　　企业收购的初始是由高层管理者事先讨论收购计划及其目的。如果收购并不是收购方战略上必不可缺的条件，那么也不一定能导向成功。高层管理者必须迅速明确目的，并告知所有相关人员。

　　此时首先要明确收购目的及其价值。收购方必须了解收购能带来多大的价值，当然此时还需要收购方具备能实现该价值的经营资源。

　　接着要明确收购方的责任。一旦确定目的并投入经营资源，就要决定代表收购方企业的新经营者的责任。假如被收购企业欠缺经营能力，那么就需要导入经验系统，派遣具有管理能力的负责人，从经营软件方面进行改善。

　　第二是 POWER（新经营层的尽快确立。）

　　收购方必须尽快任命新经营层及明示每个人的权限和责任。收购必然会带来混乱，在初期阶段会出现谁承担什么责任和谁拥有什么权限不够明确的问题，有时甚至连收购方企业内部都会对如何处理被收购企业产生意见上的不统一。

　　收购企业与被收购企业的新经营层之间的信赖关系是不可或缺的，要通过交流实现相互理解需要一定时间。且收购方必须对被收购企业的 CEO（首席执行官）和员工说明己方追求怎样的业绩，以及会给予怎样的奖励与报酬，还要告知对方所要求的是企业管理还是达成合作还是技术管理手法的变动等。此外，还需要让被收购企业正确理解新公司的业绩评价基准。

　　根据美国的 La Marie 调查，被收购企业员工中有 50% 会在收购后一年内、75% 会在三年内考虑跳槽。因此对于收购方来说，从中获得的教训就是如果不需要被收购企业的员工，那么就尽快替换，不可替换的必要员工则从初期阶段就做好沟通，构筑稳定的信赖关系。

第三是 PEOPLE（努力消除内外相关人士的不安）。

这时必须要做的是与内外关系人士取得联络。

要缓和被收购企业的不安，最佳方法是在宣布收购决定后立即将必要的信息传达给整个公司。要避免无谓的混乱，就要在公示中明确表示确保他们的职位。如果需要进行人员整理，那么则要明确范围、时间、原因及人事政策的梗概。

此外还要对顾客及供应商表明会维持和以往一样的关系。对于重要的顾客和供应商，在保持联络的同时还要进行直接访问。这种访问对今后的战略计划立案、组织设计等极有意义，也是非常重要的手段。

接下来是对情报收集的方法下功夫。这一阶段只决定了大致方针，所以此时与其勉强制定具体方针，不如多给予公司内外的人发言机会，借此搜集情报，用于制定最合适的方案。

经营者在搜购之后还必须下达执行重要业务的指令，比如对销售、生产管理、财务等日常业务、新企划案的投标，处理进行中的诉讼等。此外还要注意维持企业气氛。日常业务的核心人物大多在领导者看不到的地方活动，如果他们士气低下，则会立刻影响业绩。如果在这一阶段疏于对日常业务的管理，往往会造成收购后的经营失败。

第四是 PROJECT 从 ANA GEMENT 由特别工作组来掌握现状和解

决问题。在完成前述步骤的基础上，经营层要实现利益、合作和成本削减，就必须制订详细的计划。因此需要掌握实际情况的细节，明确重点问题并对此加以分析，组织一个能给经营层提供可实施选项的特别工作组。

首先任命 Transition Manager（变革责任人），这是为了尽量减少不同文化的两个企业之间必然会出现的混乱和矛盾。像这种"变革责任人"通常是从收购方的经营层中选出。但为了妥当起见，也可以由被收购方的员工担任这一职位，麦肯锡公司本身也做出过后一种选择。不过无论是哪种情况，该责任人必须具备收购方所要求的能力，且必须充分理解收购目的。

"变革责任人"作为两个企业间交流的桥梁，必须除去一切障碍。因此他必须受到双方企业经营层的信赖，是兼具领导力、决断力和行动力的人物。

接着是组建一个能掌握实情的特别工作组。有多种手段能实现收购带来的利益，但仅凭以往的组织结构和公司内部情报途径无法让整个公司彻底理解收购目的，而且会花费不必要的时间。而让具有不同观点的主要管理者聚在一起，共享目标，就能通过他们所构成的特别工作组来掌握各功能和各部门的现状，明确重点问题并加以分析。特别工作组的人选应当从部门员工中挑选，并且能代表不同的两家企业，使其能进行多方面讨论。这种结构不仅能构筑两家企业的协作关系，更能搜集到值得信赖的情报。

之后则是对特别工作组进行调整。在选出特别工作组后，"变革责任人"要对每个特别工作组说明职责，并从中接受中间报告，确定整个公司的走向，还要在多个工作组之间进行无重复无遗漏的调整。

接下来是针对问题点进行分析。特别工作组会找出各自负责领域的问题点，这时的关键在于要详细理解两家企业的商业系统（研究、生产、销售等基本功能）。只有在这种理解的基础上，才能发现可以相互利用的部分，设计出能最大限度地发挥两家企业优势的战略。

在这一阶段的最后是进行战略计划的立案及组织规划。根据特别工作组所给出的现状分析结果，收购方有时需要采取预定之外的行动。例如收购工厂后，负责生产的特别工作组可能会发现部分设备过度老化。或者一开始的目的是进行所有商品的生产，但负责生产的特别工作组认为只生产低价的通用产品更有优势，那么接受这一报告的"变革负责人"就必须重新讨论最初的计划。

调整各特别工作组所提出的经营方针，调整全体的统一性，制定战略计划方案，再进一步制作执行计划以及时间表，最后设计出能最快执行的组织。

第五是执行战略。

首先是审视战略企划案。战略企划案完成后转移到执行阶段，最初还需要 6 ～ 12 个月的助跑时间，需要仔细调查组织效率、协作效果的实现等能让计划达到多少完成度。如果不能实现期待中的协作，那么负责的特别工作组就要追求其原因。在有必要的情况下，需要修正个别战略，也要讨论对于整个公司战略所造成的影响。

两个不同的公司不可能轻松地实现一体化。特别工作组要找出阻碍实现一体化的原因并解决问题。通过面谈逐步消除对彼此的误解，而这种面谈同时还具有加深各阶层之间相互认识的作用，对于缩短阶层间的距离感非常有效。

以上就是 PMM 框架的概要。它在实际运营中需要积累经验，针对不同的情况，应对方法也大有不同。既然对方是具有不同文化背景的人，那么细心注意则是必要条件。PMM 的重点基本上就是在按顺序执行计划并正确掌握两家企业实际优势与弱点的基础上明确战略目标。以此为基础，不忘以人为本的态度，逐步完成前述步骤，就能提高收购成功的可能性。

加藤健

原题 "A Post-Acquisition managment Framework"
作者 James S.Blloun（前东京分总经理、现亚特兰大事务所所长）

第九章

席卷日本企业的
"跨境企业并购"

一、解说——席卷日本企业的"跨境企业并购"

欧洲收购的生存之战

以 1992 年末的 EC 一体化为代表，如今全世界已经迎来了经济活动无国境的无边界时代。在这个新的世界中，规则和国家给予的保护同时消失，企业为了生存而面对的竞争更为激烈。要生存下去，其条件之一就是企业并购，而这也正在发生质的变化。

第一，在欧洲的生存手段首先是合并。从 20 世纪 70 年代到 80 年代，自从欧共体出现并将布鲁塞尔作为本部事务所之后，同业者之间的跨境，超越国境的合并就开始盛行。在日本，类似新日本制铁、第一劝业银行、太阳神户三井银行（现樱花银行）的大型合并也大行其道。

但当时并没有如今这样的紧迫感，因为市场依旧按国别细分，所以虽然也有像德国的雅各布公司与西班牙的祖哈德公司合并为雅各布·祖哈德这样一时间大获成功的例子，但多半还是以失败告终。

之后的 80 年代初期依旧保持了这种倾向，但其目的已经转为规模经济，为的是覆盖公司势力所不及的地区，或者弱势同业者为了生存而进行选择性地合并这类消极例子非常多。

但在 80 年代后期所出现的跨境企业并购（跨越国境的企业合并收购）特征却是以 EC 一体化为前提，强者为了发展而进行的战略性收购。

通过收购在自身企业弱势地区或者更大范围地区具有更大市场份额的企业来抵御 1993 年之后统一市场出现所带来的冲击，这种倾向如今十分明显。

其中的典型例子包括意大利的 Olivetti 公司。这个意大利代表性办公器械制造商占据了意大利国内大部分市场份额，并从中盈利。但该企业认为仅凭目前的状况难以在今后继续生存，于是先在意大利国内进行了多次收购，接着又收购了德国的 Triun Adler 公司，之后还曾着手收购比利时的 Societe Generale 公司，但由于意大利的国民性感情问题，最终以失败告终。但 Olivetti 公司的德贝内代蒂（Carlo De Benedetti）会长如今仍担任 Societe Generale 公司的副会长，似乎还在寻找收购机会。

第二，非 EC 加盟国的企业害怕在 1992 年的统一后被市场淘汰，也积极地展开了收购攻势。例如瑞典最大的家电制造商 Electrolux 公司在将意大利的 Zanussi 收为旗下企业后，又在美国收购了 White

Consolidated。总之，EC 周边国家（瑞士、澳大利亚、瑞典等 EFTA 加盟国）的企业都保持着高度紧张感。

第三，大型企业之间进行合并。比如瑞典最大的大型电机制造商 Asea 就与瑞士的 Brown Boveri 合并了。

Asea 集团是足以匹敌日本三菱集团的巨大财阀，但 Asea 认为仅以瑞典为基础，成长是有限的，因此决定与同为非 EC 加盟国的瑞士大型电机制造商合并。Brown Boveri 则认为瑞士市场太小，以此很难实现全球化，于是与 Asea 达成一致意见，实现平等合并，最终诞生了 ABB（Asea Brown Boveri）这一欧洲最大的大型电机制造商。而他们的目标显然是为 EC 一体化之后的战斗做好准备。

第四，针对一个企业展开激烈的收购争夺战。英国的 Plessey 公司就是其中一例。德国的大型电机制造商 Siemens 打算收购该公司，而英国的通信·大型电机制造商 GEC 由于不希望外国势力渗透国内，与其产生了对抗，也参与收购竞争。德国和英国的企业围绕着优秀的通信机制造商展开了激烈竞争。

总而言之，一切都是以强者的逻辑优先，强者收购弱者，用以弥补自身企业历史上的弱势领域。如今这种激烈的竞争正在全世界展开。

"弱肉强食"的时代到来

在欧洲，荷兰的飞利浦；瑞士的雀巢；德国的德国银行、西门子、戴姆勒—奔驰等大型企业成为台风中心，接连收购了多家小型企业。

他们的目标都是不给欧洲市场留下空隙，与其给竞争对手机会，不如自己出手。

这也是 EC 一体化走在无国境经济圈，也就是无边界世界前端的证明。而无边界世界真正到来后，企业将面对的事实是以往以国境为前提的既得权力与利益几乎都将消失，未来将更为严酷。

美国在 70 年代到 80 年代的特点是以国内同业者收购和巨大综合性企业的不同业界收购为主。但进入 80 年代后期，由于政府实施了强有力的放松管制政策，所以企业的收购目标从国内收购转向了对欧洲和日本企业的收购。

而美国最近企业并购的倾向是与加拿大市场的一体化之后，来自加拿大的收购增多。1989 年 1 月，美国与加拿大之间缔结了关于贸易、投资自由化的美加自由贸易协定。该协定规定在 10 年内废除关税，提倡金融服务与投资的自由化等。对这次一体化，美方的应对较为迟缓，但加拿大企业由于一直害怕来自拥有巨大资本、技术与经营能力的美国企业的收购，于是在这种危机意识下，反而积极地在美国进行企业并购。

席卷世界的业界重组

在欧美兴起的跨境企业并购几乎在所有业界都引发了多家企业争霸的浪潮，其中的典型例子就是轮胎行业。

轮胎制造商在国际上的竞争一直以来就十分激烈，如今则更进一步。首先是美国。美国 10 年以前有约 10 家制造商，但跨境企业并购推进之后，如今排行前列的纯美国企业仅剩 Goodyear 一家。

居行业第二位的 Firestone 公司被日本的 Bridgestone 收购。而第三位、第四位的企业则为了对抗领头企业而合并，设立了 Uniroyal Goodrich 公司。但这次合并毫无意义，最终还是被法国的 Michelin 收购。

第五位的 General 被德国的 Continental 收购；第六位的 Armstrong 被意大利的 Pirelli 收购，再下一位的 Mohawk 则被日本的横滨橡胶收购。

此外，日本住友橡胶收购了英国的 Dunlop，紧接着又将美国的 Dunlop 也纳入手中。

其结果导致美国的国产大型轮胎制造商仅剩 Goodyear 一家。这一系列令人惊叹的收购大战仅在 5 年内完成。

这股收购狂潮的余波如今已经穿越大西洋，波及了欧洲。在欧洲生存下来的企业包括美国 Goodyear 和日本的 Bridgestone&Firestone、住友 Dunlop，它们都具有很强的竞争力。

在这种状况下，欧洲的 Pirelli，Continental 这两家企业认为自己很难单独生存下去，开始商谈合并，然而最终未能达成一致，于是 Pirelli 拔出收购这一传家宝刀，对 Continental 发起了攻势，而 Continental 也不甘示弱地展开了反向收购。

据说在两家企业之间负责调停的是对双方都具有强大影响力的德国银行，它既是 Pirelli 的主力银行，同时也曾向 Continental 派遣过经营委员长。

至于调停内容如下：Continental 被收购为 Pirelli 的轮胎部门。虽然 Pirelli 是由供电通信的电缆部门与轮胎部门构成的综合企业，但需要将轮胎部门剥离，将经营交给了 Continental。换言之，也就是收购方 Pirelli 将经营权委任给被收购方 Continental。

这个调停案最终没能达成一致，但无边界时代的企业并购所造成的影响力之大也再次受到了世界关注。此外，日本也多少受到了直接或间接影响，比如东洋橡胶和横滨橡胶就与 Continental 有技术合作，在美国也与包括 General 在内的三家卡车轮胎企业开展了合并事业（JV）。如今一个收购案也会或多或少地波及全世界的其他制造商。

从这些收购案的过程来看，有时也会因为国民感情而导致进展不顺，弱肉强食的公式也并不一定畅通无阻。

但不构筑全球化地位，就会连如今的区域地位都将不保。这不仅适用于轮胎制造商，也适用于半导体、电脑、家电等所有产业。即使是航空业也无法脱离合纵连横关系。像英国航空（BA）这种打着本国旗号的企业也在谋求今后的国际化，向澳大利亚的快达航空谋求合作，企图强化太平洋航线。最终欧洲市场的构图将会是以各行业的几家企业为主。

全球化造成的区域地位强化，这种构图在与国家和地区文化密切相关的娱乐领域更为显著。美国电影公司就是很好的例子。例如继索尼收购哥伦比亚电影公司之后，环球电影旗下的 MCA 又被松下电器收购。

　　经济活动不再受国境限制的无边界世界到来就像是进入了没有墙壁的家，虽然随时能够自由外出，同时也会让别人自由进入。

　　在这种状况下，有的企业认为"继续现状将有生存危险"，于是选择求生策略——成为更安全的企业旗下一员。比如英国的电脑公司ICL 就以英国政府为中介，委托富士通进行收购。ICL 在英国是仅次于 IBM 的大型企业，但由于以前也曾处理过富士通的大型电脑，所以便以 90% 的完全收购形式进入了富士通旗下。瑞士的 Jacob Suchard 将自己卖给了 General Foods（GF），但 GF 又再次被 Philip Morris 吞并。跨境企业并购的结果也导致了许多合并形式使小企业逃往具有技术、经营能力和资金的大型公司。

无边界世界的胜利者

　　如此激烈的收购战还显示出另一个问题，那就是没有大企业的国家的悲哀。无国境意味着大型企业的活动场所扩大，但对于没有独特技术和坚固基盘的中小企业来说就只是个悲剧了。大企业稀少的丹麦、西班牙、保加利亚、比利时等就成为被瑞士、法国、德国等国企业收割的草坪。这不是小国的悲剧，而是没有培育大型企业的国家的悲剧。即使是小国，只要拥有大型企业，也可能成为无边界世界中的胜者。

　　亚洲市场也一样。虽然培育了不少半吊子的企业，但进入无边界世界后几乎都被收购。中国台湾地区企业在无边界时代成为被日美欧企业收割的草坪，但韩国的五大财阀却没有沦为被收购对象。因为仅前五强就占据韩国 GNP 的一半，这种大型企业不可能被收购。与此相对的是，中国台湾地区的前五强企业仅占 GNP 的 12%。

那么日本企业究竟该如何应对这些变化呢？

首先，只死守国内市场是毫无意义的。从日美构造协议就可看出，围绕国家的壁垒将接连被废除，如果不积极进驻海外，从外部发力的话，也无法在国内生存。

此外，积极追求跨境企业并购企划案的态度也是不可或缺的条件。以往日本企业大多是通过中介进行企业并购，但成功率极低，需要尽早摆脱这一恶习。

认识到这一点之后，必须重建日美欧相连的合纵连横网络，也就是构筑合并与协作网络，或者通过企业并购构筑属于自我资本系列的网络，否则很难在未来的无边界世界中生存。因此对于欧美发生的事决不能采取隔岸观火的态度。

Joel A.Bleeke 等人的报告在介绍了跨境企业并购数据库的同时，还饶有兴趣地分析了其倾向和问题点。企业并购如今作为企业全球化的一个重要手段，是否能正确学会这一技术对于企业而言至关重要。

大前研一

二、摘译——海外企业收购成功的六大关键

暴增的跨国境企业收购

20 世纪 80 年代后期，日本企业对美国企业发起的收购成为日美之间的大新闻。索尼对哥伦比亚电影公司的收购，三菱地所对洛克菲勒集团的收购，松下电器对 MCA 的收购等一系列举动给人留下了日本正在收购美国的印象。

但实际上跨境企业并购（跨越国境的企业合并收购）与这种印象是两回事。例如正在收购美国的其实是欧洲，欧洲正盛行跨越内部国境的收购，美国如今正处于"被出售"地位。而日本的跨境企业并购才刚刚开始，但其成长也是爆发性的。

90 年代的世界性竞争的舞台究竟会是怎样的呢？毫无疑问，跨境企业并购将在其中占据重要的位置，因为它是在国际竞争中胜出的有

效手段。

跨境企业并购的数量在 80 年代就出现了爆发性增长，与在海外从零开始业务相比，M&A 无须花费多少时间，成本与风险也要小得多。并且在大多数情况下，海外企业收购的好处要比合作或合并大得多。

通过攻击性海外收购获得成长的一级企业也改变了产业界的形态。例如瑞典的 Electrolux 就在过去 10 年完成了 100 多次收购，其中大部分是跨境收购。

Electrolux 占据了世界多个成熟市场的第一集团位置。为了得到超出各个市场的生产规模，它通过对产品零件的标准化处理，在成本上比同样以成为世界性企业为目标的其他竞争对手更具优势。

与此相似的例子还有法国的最大食品企业 BSN。该公司通过海外收购，在欧洲的多个食品领域占据统治地位。此外，瑞典的 Asea 与瑞士 Brown Boveri 的合并也改变了世界电力产业的构图。

从美国国内的企业并购热潮来看，美国企业海外收购却少得令人惊讶。而海外企业对美国企业的收购却仅在 1989 年就高达 670 亿美元，这是美国对海外企业收购的 4 倍。

这种买与卖的不对等在大型收购中尤为显著。1988 年到 1989 年，与美国公司相关的前 20 位企业并购中，有 10 件是跨境案。

美国作为买方的案例仅占其中 2 件，并且都是对加拿大企业的收购。其他 8 件中有 4 件属于英国，2 件属于日本，剩下的 2 件则分属加拿大与澳大利亚企业（日本的 2 件包括索尼对哥伦比亚电影公司的收购和 Bridgestone 对 Firestone 的收购）。

宏观经济的要素——比如持续性的美元弱势、以回流海外美元来作为美国贸易赤字对策、美国企业相对较强、海外资本对企业所有权的管制较少，都是吸引海外买家收购美国企业的原因。

美国企业也曾经收购过欧洲企业，但计算现在的市场价值后发现，美国以往在欧洲的直接投资额是欧洲在美国直接投资额的 2 倍。因此对于美国企业而言，与其通过跨境企业并购来购买新的公司，不如加强本公司已有的海外事业。

令人刮目相看的日本企业活动

正如之前所说的那样，EC 的企业是跨境企业并购的最大买家。1989 年的收购金额为 690 亿美元，超过其他所有地区跨境企业并购的总额（图 9-1）。

100%=1194亿美元

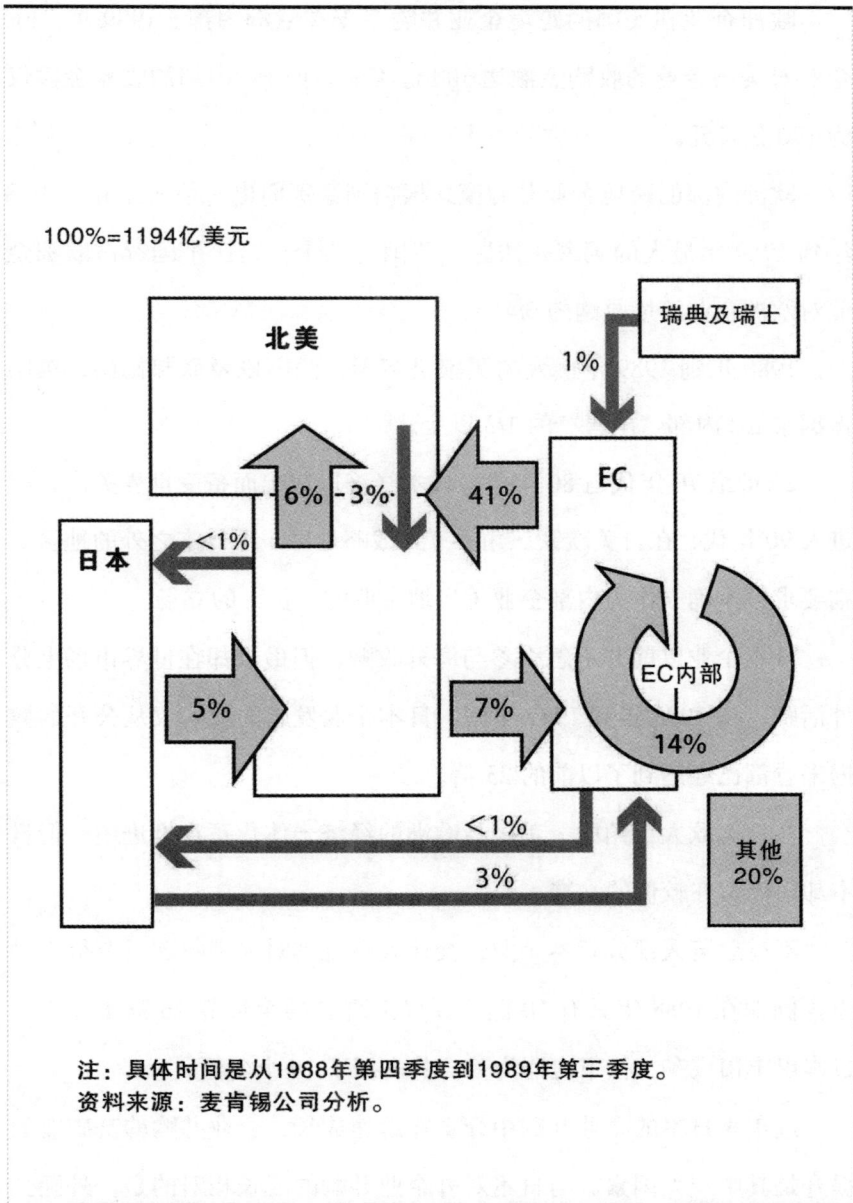

注：具体时间是从1988年第四季度到1989年第三季度。
资料来源：麦肯锡公司分析。

图 9-1　1989 年国际间的企业收购趋势

欧洲企业在美国的跨境企业并购多于在欧洲内部。1989 年，EC 企业对美国企业的收购金额达 500 亿美元，而 EC 内部的收购金额仅为 170 亿日元。

欧洲内部的跨境企业并购模式根据国家不同也有很大差异。1988 年到 1989 年最大的买家是法国、英国与瑞士。这三个国家占欧洲企业对欧洲企业跨境收购的 3/4。

1988 年到 1989 年最大的买家是英国、法国以及联邦德国，英国占据了 EC 内部"出售"的 1/3 以上。

20 世纪 70 年代与 80 年代，日本经济以输出而备受世界关注。但进入 90 年代，在日美欧铁三角（三大战略地区）除日本之外的地区，则要求日本确立作为内部企业（当地企业的一员）的立场。

日本企业以前并不怎么参与海外收购，但最近却在世界市场上分外活跃。从 1985 年到 1989 年间，日本企业发起的收购仅从公开的数据来看都已经达到了以前的 25 倍。

在日美欧大三角中，美国与欧洲的经济一体化正在推进中，但日本却还停留在较低的水准。

不过总览大部分日本企业，会让人感觉其对未来收购具有很大潜力。例如在 1988 年具有 10 亿美元以上现金的全世界 26 家企业中，日本以丰田汽车、松下电器为首，共占据了 19 个名额。

近年来日本的企业并购中介企业急速成长，企业并购的基础能力提升是其中一大因素。与日本对外企业并购的成长相对的是，外国企业对日本企业的收购近年来却停滞不前。这也并不奇怪，日本国内企业之间的互相收购还停留在较低的水准，海外企业要收购日本企业会遇到相当大的障碍，比如联合企业间的交叉持股等问题。

跨境企业并购成功的关键

作为在世界竞争中制胜的手段，跨境企业并购日益盛行，所以如何进行收购、什么时候收购就成为问题。当然，无论跨境企业并购还是国内企业并购都要遵守基本原则，这里先列举跨境企业并购所特有的六大成功关键。

一是购买与自身本业相同的公司

与我们所预想相反的是，跨境企业并购的成功率高达 57%，这一数据与其他扩大业务领域的方法相比已经相当高了。

根据麦肯锡公司几年前对《财富》杂志前 500 强企业中 200 家企业的调查来看，国内事业多元化的成功率仅为 25%。

如此高的成功率，原因就在于购买与自身本业相同的公司。买家通过扩大本业规模与改善经营，让自己和被收购企业都实现了增值。某个美国一流银行机构由于不习惯零售银行业务而导致海外收购失败，同样，某欧洲信息通信公司收购了电话机制造商，最终也是以失败告终。

二是收购地区的有实力企业

一个好的买家会选择收购在该地区成功的强大企业。因为海外的劳动法和流通系统都不同，一些在本国轻而易举的事在海外却会变得极其困难。而且好买家会选择收购不仅在财务上具有优势，更有存在感——也就是在该产业中属于第一集团的企业。某日本企业就是由于没能克服被收购的电子制造商在流通方面的弱点而导致失败。收购弱小企业的成功率会很低。

不过也有例外，那就是当买家所追求的是技术与经验时。比如美国汽车制造商也有收购在美国不成气候、在本国也是二流的外国企业的案例。该美国企业从中获得了提高生产率的方法和汽车设计技术，所以这次收购是成功的。同样，日本的某电脑制造商收购中等实力的美国企业，也是看中了对方公司优秀的产品开发能力和技术，希望能配合日本企业高品质低成本的产品制造能力，提高综合实力。

三是将精力集中在被收购方的运行系统中决定性的部分，尤其是国际性的部分

收购之后首先要做的是给予被收购方附加价值。大部分成功案例中，买家都暂时不会全面改变被收购方的一切，而是集中关注维持其竞争力的关键性部分。比如某欧洲食品公司就首先着手改善被收购方的流通和销售，扩大店铺所占份额。

将精力放在被收购方的国际性功能上也是成功的关键。在外国企业收购美国某销售能力较差的制药公司这一案例中，买家通过销售被收购企业以世界性研究开发能力研发的两种新药，提高了被收购方的业绩。

四是能力（技术、技艺）的双向转移

买家要给予附加价值，可以采用多种手法，其中最常见的就是能力转移。能力转移一开始大多会成为买家的中心业务。

对于多数消费品公司来说，这指的就是产品管理和销售、流通能力。在许多收购案例中，能力都是从被收购方往买家逆流。某欧洲制药公司收购了具有优秀经营能力的美国企业，而新公司主要的 9 个部门中的 7 个，其经营者都是从美国企业中挑选。

五是最初不必要求关键系统实现完美整合

系统的转移也非常重要。而大规模系统的整合十分复杂，当相隔有一定距离或是需要进行国家之间的调整时，往往难以实现。整合首先专注于运营方面不可或缺的中心部分，一开始可以留下一些难以统一的部分，以实际业务为优先。完美的系统需要一定时间来完成，而在它未完成期间，切忌让一切停滞不前。

美国某银行在欧洲某国实现系统大换血足足花了 5 年时间。

专业人士认为在信息工程学方面，新系统的效果更为显著，所以倾向于在初期投资中就制作更好的系统。但过快的变动会导致在新市场中学到的初期教训难以反映在新系统上。因此，系统的更换也应当仅限于关键部分。

国际快递服务的中心系统包括申请系统与货物追踪系统。为了调整各国货物编号的不同，某公司采用了国内系统与其他系统的换算表，用以使用两个以上国家的电脑系统来追踪货物动态，也可接受寄件申请。

某消费品公司将原有的接单·发货系统与被收购企业相连接，但由于没能突破地区适应性和创造性的瓶颈，在一开始时无法实现 R&D 系统的统一。

六是反复收购

跨境收购的经验是每次收购都能提高下一次收购成功的概率。通过初期收购提高买家的企业并购手腕，将其作为国际性的扩展手段多次使用。

某制药公司在初期收购时只着眼于产品，对于让制造负责人和其他部署的核心人物留在原公司的重要性却并不在意，一直保持听之任之的态度。然而由于在连续收购中吸取了以前这种做法的教训，于是开始制定对策来处理这些留在公司的员工。欧洲大企业现在大多都有几十甚至几百次的收购经验，这些经验显然会在今后执行全球战略时成为最有力的武器。

企业并购的成功案例中，大多数是选择实施阶段性项目。某消费品公司就是先购买某著名品牌，接着以它为核心出售后来收购的其他品牌产品。

　　进行跨境企业并购时，除了从国内企业并购中吸收经验教训之外，还必须考虑到世界性竞争的复杂性及针对不同文化的应对方法，了解只有在跨境企业并购中才会出现的独特情况。

松浦清

原题 "The Shape of Cross-border 企业并购"

"Succeeding at Cross-border 企业并购"

作者 Joel A.Bleeke（芝加哥事务所主管）

James Isono（芝加哥事务所员工）

David Ernst（华盛顿事务所国际管理专家）

Donglas D.Weinberg（芝加哥事务所国际管理专家）

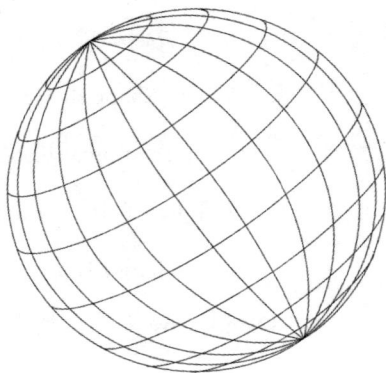

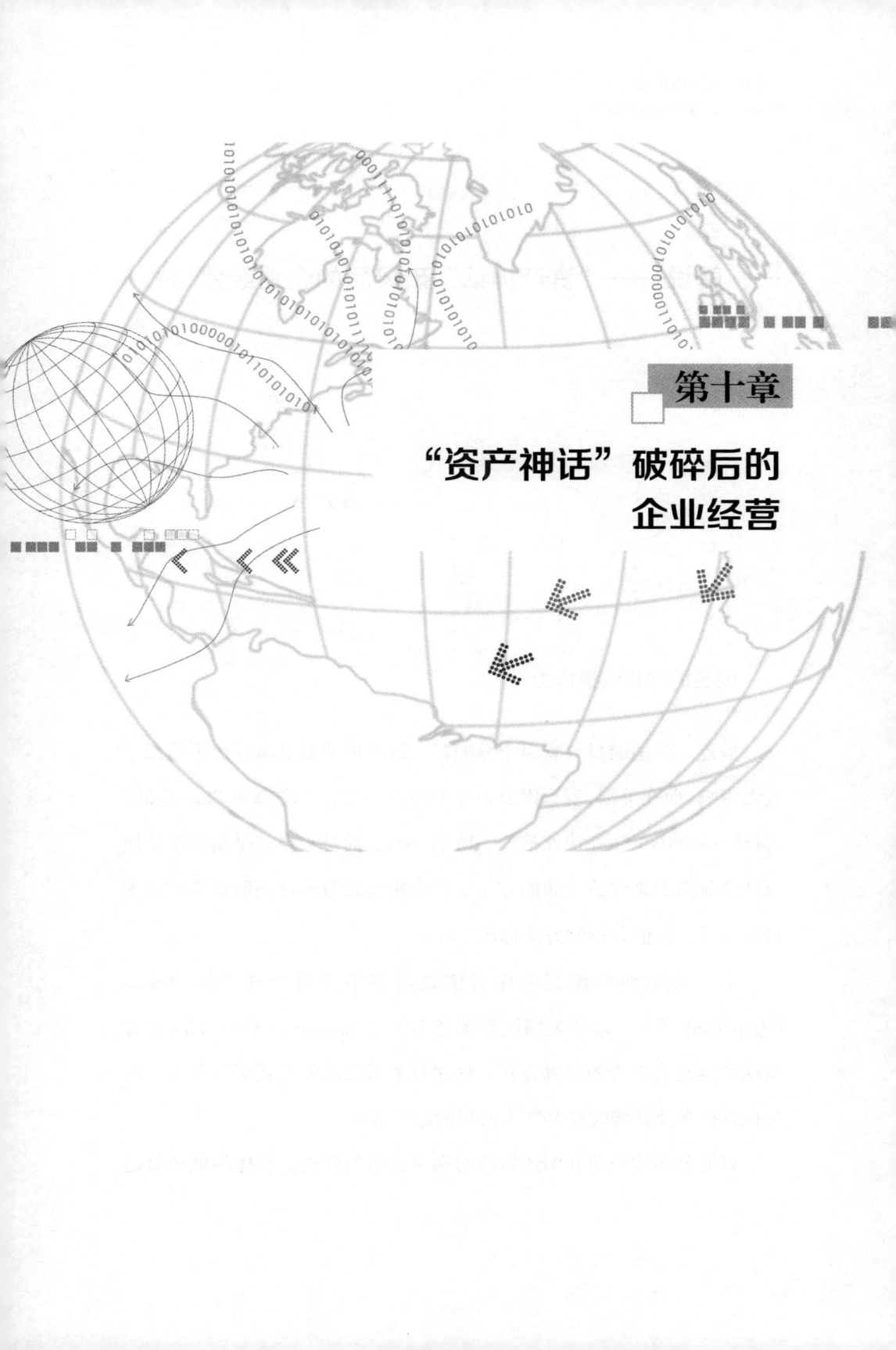

第十章

"资产神话"破碎后的
企业经营

一、解说——"资产神话"破碎后的企业经营

潜在的现金流量威力

最近,美国的景气衰退十分明显,这种形势对日本经济也造成了极大影响。而在美国,麦肯锡公司开发的企业评价方法SVA(Shareholder Value Analysis)正在快速推广。所谓SVA,简单来说就是用货币价值或现金制造力来评价企业的方法。日本则将以股东这类股票持有者来对企业进行价值分析的方法称作CVA。

这一章所介绍论文的作者就是对该手法进行开发的Thomas E.Copeland等人。以往美国流行的是DCF(Discounted Cash Flow)等以现金流量为中心的思维方式,这比日本所推崇的方式更为普及,也是在进行企业并购时经常作为前提的思维方式。

有的公司的企业并购还包括对现金流量的改善。具体的例子就是

公司内有大量多余人员，现在的经营层却无法着手削减，但通过企业收购和经营者的更迭来削减多余人员，能让潜在的现金流量浮现出来，从而成为实际的现金流量。

而同行业的两家企业合并能共享电脑和仓库，削减多余人员和重复投资，从而让这部分现金流量得以保留。那么就能预计合并产生的剩余资金事先从银行贷款，实际用于企业收购中。只要能够实现估计的现金流量，就能毫无压力地返还银行借款了。

在美国，企业在某些情况下会通过发行垃圾债券（信用度较低回报较高的债券）来调度资金，然后进行企业收购，实现计算上的现金流通，用于返还贷款。

或者在收购之后停止股票上市，通过彻底实现企业合理化来强化企业体制，在构筑了能产生利润的体制后再上市，获得资本利益，以此返还银行融资。

在美国，股价就是测量企业现在价值的尺度。随时估测企业的解散价值，哪怕只与时价相差 5 美元，想收购该企业的另一家企业就可以以自身资产——也就是未兑现的现金为担保进行贷款，或发行垃圾债券，从内外筹集需要的资金，以此实现收购。这就是企业狙击手所使用的 LBO（Leveraged Buy Out）手法。

美国如今的状态是股价几乎都根据判断现金流量能力的 SVA 来决定。

日本股市状况的低落不乏政治与经济的问题，但也如图 10-1 所示，日本股价仅仅只有 CVA 这种一对一对应模式。当股价走出低迷开始上扬时，企业价值会翻几倍，但也会形成泡沫经济。因此，包括公司的事业价值与不动产等在内的总和才是时价，这一普遍真理在日本被广泛接受，当不动产泡沫出现时，股价反而会降低。

以现金流量为基础做出经营判断并非美国企业的专利，日本折扣店也同样采用了这种做法。具体方式是制造商以向销售店支付奖金为前提来设定价格，将奖金作为虚构的现金流量，从银行预支借款。

制造商在多个销售地支付尽可能多的奖金，而奖金原本是与销售实绩挂钩的，比如在池袋或新宿的大型相机量贩店可以预估进货商品的销量来计算奖金。

这种折扣店首先要设定比可能销售的数量更多的量，再根据预估的奖金向银行贷款，以此资金订购商品，再卖掉进货的产品，在期末将这部分奖金的现金流量合算为现金决算结果，以这种系统来完成经营。

在日本，企业价值与股票也开始有紧密的关联性。
东京市场的神话也已经破灭。

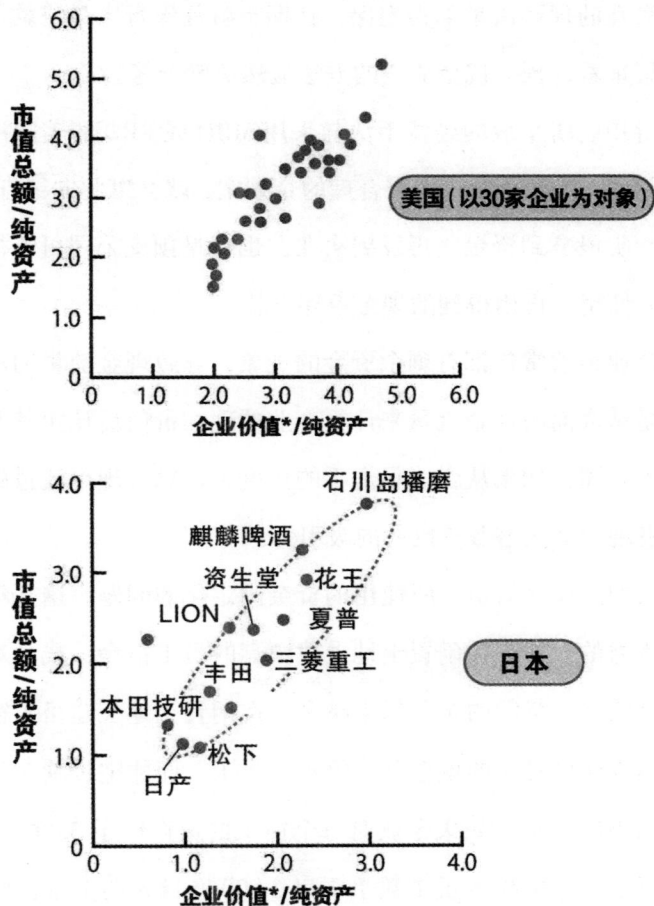

*企业价值中"股东价值"部分。
资料来源：麦肯锡东京事务所金融小组。

图 10-1　1992 年 3 月末股价与企业价值（CVA）的关联性

以往在日本的经营中，先销售进货的商品，之后再拿奖金来缓减压力的思维方式占据主导地位。然而，固守这种经营手法的相机店或电器店的销售发展过于缓慢，不如采用与销售挂钩的方式，以奖金这种"潜在的现金流量"为担保，在期首就从银行大量贷款用于进货。从结果来看，预支现金流量的方法显然更胜一筹。

折扣店所采取的经营手法与采用 MBO 或 LBO 的美国流企业并购思维相同。美国企业只要有合理的企划案，就会以此向银行寻求融资，在这一阶段拿到资金，再发展事业。也就是预支公司可能得到的现金并投入使用，再用得到的现金返还借款。

企业经营常年都有剩余资金的现象，导致现金流量的浪费。因此即使是从表面的现金流量来计算企业的现在价值后认定其并没有太大价值的公司，如果从企业狙击手的角度来计算其现金流量的话，也可能会发现它其实潜藏着巨大的吸引力。

比如企业有对员工所使用的资金固定化的问题。这几年来，为了网罗优秀的人才，在闲置土地上建漂亮的员工宿舍，或是对员工提供低利率的住宅贷款的企业越来越多。在闲置土地上建员工宿舍等同于将一亿或两亿日元的现金分送给每个员工。而住宅贷款对于企业而言则是相当的浪费。如果企业对每个员工的房产给予 3,000 万日元的贷款，那么就必须投入员工数量乘以 3,000 万日元的资金。此外，支付方与接收方都可能高估了资金的充沛度，从而导致库存标准与销售损失的风险提高。

这种做法还会导致资金的固定化，从资金销量的层面来看则是极大的浪费。而从现金的观点来看，如果不在现阶段修正这一问题，必然会引发更大的问题，可惜我们往往会到病入膏肓时才谋求对策。我们在投资时虽然能做到一边估算现金收益一边经营，但这种非投资项目也应当养成根据现金收益来做出判断的习惯。

今后，企业必须放弃针对个人的福利，通过提高薪水，让员工自己来选择如何使用这部分金钱。换言之，也就是应当转变为以现金为基础，让个人来设计将来的生活。

可以不考虑现金的时代已经结束了。银行不会再根据资本充足率规则，也就是BIS（国际决算银行）规则来给予无限制的融资，那么以往的无限额提款机也就不复存在了。

此外，由于股票市场的低迷，从前在高股价时发行市值股票，以此募集丰富的低成本资金的资本市场系统功能也已经不存在。也就是说，在过去5年里能轻易募集大量资金的浪潮已过去，如今已经进入了必须谨慎使用现金的时代了。

在这种经济环境下，现金流量较为充裕的企业能占据压倒性的优势地位。现金流量充裕的企业能收购现金流量较少但具有发展性的企业，从而能参与不同行业的企业并购。手握现金的企业毫无疑问具有优势，现金充裕企业与现金不足企业之间的差距还会进一步扩大。

此外，从不同业界来看，一些只需进行钢铁等设备投资的资金充沛行业与需要拓展连锁店或翻新店面等长期募集资金的流通业、酒店

业等现金不足的行业之间也有明显的差别，并且现金不足的行业往往
容易成为现金充沛行业实行企业并购的目标。

"资产神话"的崩溃

日本企业以往在海外进行过巨额不动产投资与企业并购。由于有
充裕的资金可支配，所以当时日本企业不是以资金而是以资产来作为
判断标准，于是犯下了错误。

换句话说，日本企业不以被收购方能产生多少现金为判断标准，
轻易地就进行贷款。例如东京某工厂的资产高于海外的收购价格，于
是认定"这次买卖很便宜"，而后以东京的"更贵的"工厂为担保进
行收购。这样一来，资产的确是增加了，但债务也同时增大了。

由于不以资金为基础做判断，最终结果往往不如预期，被收购企
业发展不佳，导致合并决算出现严重问题。此外，不动产投资等遭遇
不景气时很难招揽租客，也无法回收现金。因此，日本企业也开始考
虑被投资方的自我返还能力、现金产出能力等。

但最终大多还是会陷入利息由母公司偿还，且不得不往被收购企
业无限注入现金的困境。这直接导致无论有多少现金流量都不够，母
公司的年收益都被用于填补缺口。

这时想筹措经费也会因为股价低迷和银行 BIS 规则而难以像以前
一样得到更多融资，无法轻松募集资金。以往只要股价与不动产持续
增值，那么即使是遭遇最坏的情况，也能通过担保能力的提升而产出

现金。

然而现在企业所要面对的现实是过去 20 年从未有过的资产萧条（并不是需求减少所导致的不景气，而是由于世界性资产损耗）。

想廉价出售不动产或公司也难以找到买家，连脱手都不能。比如纽约不动产曾在价格下滑时一口气猛跌 30%，而即使你下定决心减价 30% 来出售，实际也根本卖不出去。当事态发展到这种地步时，根本不可能有买家接手。

想轻易出售资产价值较高的不动产，首先要避免的就是对外信用低下，否则很难脱手。

而另一方面，此时企业还必须按约定支付利息。其结果就是资产膨胀，资金链却极其局促。即使以 500 亿日元的融资购买了 500 亿日元的物品，当事态发展至此时，不仅物品价值会缩水到 500 亿日元以下，光是利息就会让企业难以喘息，甚至最终无法做担保。

举一个极端例子，曾经被称作"美国不动产之王"的唐纳德·特朗普所经营的公司之一 Trump Taj Mahal Funding 于 1990 年 11 月倒闭。他虽然在各相关企业的资产负债表上共持有一兆 5 亿日元的资产，但在遇到特殊情况时连 50 亿日元的现金都拿不出来，这也意味着一个恐怖的事实，即资产负债表在最坏的状态时根本毫无用处。

当经济不稳定时，资产的膨胀会让企业内部为过大的债务所苦，很容易陷入以贷还贷，债务滚雪球式增大的困境。

回想起"只有现金才是王者"

曾经的日本企业经营者也曾有过"cash is king（只有现金才是王者）"的强烈意识，如今在关西也还有以这种思维模式为主的企业。"二战"后的日本苦于慢性资金不足，在很长一段时间内，最大的经营问题都是如何防止资金周转失败而导致的破产。

为了避免最坏的事态，日本产业界形成了在紧要关头能从特定银行提供融资用于资金周转的主银行制度。

之后，由于金融缓和，景气持续向好，企业业绩提升，且有高股价做支撑，能从股票市场直接募集资金。加之土地和股票等企业保有资产增加，银行对企业的信任提高，于是近 20 年来，日本几乎不用怎么考虑现金问题。

因此在这 20 年能进入经营层的领导者或管理者几乎都未曾面对过资金周转问题，日本经营者的"cash is king"意识也逐渐淡薄。

习惯了这种高枕无忧的状态后，许多日本经营者都排斥以现金流量为前提来决定公司立场的美国式经营，甚至不少人批判性地认为正是由于美国人只用现金来衡量企业价值，也就是只从财务角度去评判，才导致了美国企业的衰退。

然而，即使我们要保留日本式经营的长处，也应当开始学会重视美国企业以现金流量为重点的企业经营模式。如果能让企业员工完全掌握这种经营要素，那么就如同《孙子兵法》所说的一样"知彼知己，百战不殆"。

拒绝学习美国思维的日本企业，长此以往必然会遭遇企业经营的瓶颈。我们应当认识到企业所处环境正发生激烈变化，资金产出的严冬时代到来了。

如今的企业经营者必须在盈亏报表和资产本位的思维基础上增加资金本位的新思维。

现金在最坏的状态下能发挥最大作用。在企业经营和进行企业评价时，必须根据其通常具有多大的现金产出能力来做出判断。例如钢铁企业，虽然在 PL（损益表）方面压力较大，但结束巨大的设备投资后，其折扣能产生巨大的现金流量，现金十分充裕。而建筑公司需要大量前期资金才能启动事业，且只有订单顺利才能逐步累积现金。不同业界的现金形态各有特点，我们必须掌握实际状态，了解企业每年的现金产出能力。

即使日本企业不能在一夕之间转变为美国式现金流量万能的"cash is king"意识，也应当在坚持日本式经营中实行长期性经营战略、正确投资和人才培育的基础上，将现金流量的重要程度提升至 Queen 或 Jack 的位置。

后述论文作者 Thomas E.Copeland 的文章内容就是以"cash is king"为中心。他在担任加利福尼亚大学洛杉矶分校（UCLA）商学院教授之后进入了麦肯锡公司。其介绍企业领导者应当采取哪些行动的著作《企业评价》被作为美国商学院教材使用，获得了极高评价，该书的日语版由日本经济新闻社出版。

大前研一

二、摘译——摆脱销售高利润率诅咒的方法

真正表现企业价值的东西

企业并购混战的扩大，意味着分离企业的所有者和管理者，使企业本身成为商品的"企业支配的市场"到来。换言之，企业以自身为媒介，其事业价值能提高到何种水平才是问题所在。

经营者如果不能很好地发挥企业潜能，很容易成为其他企业的收购目标。

而企业战略的目的已经不仅仅停留在确定竞争优势和选择事业范围上了，提高给予股东的价值，也就是提高股价的重要性正逐步上升。

因此，企业需要以"价值"概念来经营，并建立能有效利用它的制度。提供股东最大价值和企业战略本来就是密不可分的，而有效结合这两

者的经营手法就是股东价值分析（Shareholder Value Analysis，SVA）。

各事业决策会给公司的经济价值带来怎样的影响——对此进行分析的手法就是SVA。所谓经济价值，就是使用 Discounted Cashflow（DCF，贴现现金流法）用现值来表现企业收益。

DCF 是将事业诞生后预估的现金流量在资本成本中贴现，将未来的现金价值换算为现在的价值。以往这种方法大多用于计算企业破产价格、收购价格，或者用于投资判断。SVA 运用该思维，在评估企业的证券投资组合、企业重组和事业部运营等方面都有较大帮助。

不过使用 SVA 真的能提高企业的经济价值，从而提高股价吗？针对影响股价的主要因素，Thomas E.Copeland 在其著作《企业评价——企业价值的测定与管理》中提出了以下论点："最影响股价的因素就是现金，也就是长期的现金流量。"

以往许多经营者都被证券分析家的花言巧语所骗，相信股价会反映在每股收益（EPS）上。由于过于关注 EPS，有时还不得不对其做技术性的数据操作。

但这都是无用功。因为即使是福布斯前 500 强企业今后 5 年的预计分红的现值也几乎与股价毫无关联。也就是说，投资家并不太关心中短期的业绩动向。

另一方面，股价却能在大型 R&D 项目或长期战略投资等信息中敏感地反映出来。例如当宣布对影响企业业绩的不良资产进行折扣时，往往会因为该决策受到欢迎而抬升股价。

只关注损益结算书上的利润的经营者有可能会下达损害真正代表现金流量的企业价值的决策。

一旦出现这种失误，对手企业就可能对该企业发动收购攻势，所以要保护自己，经营者必须时刻注意公司价值。也就是利用 SVA，正确掌握现金产出能力，并从企业经营的角度思考如何将该能力最大化。

无依据的乐观论会带来危机

接下来以某多元化企业 CEOR.Coleman 为例来解释使用 SVA 的高层管理该如何进行企业诊断。

Coleman 就任 CEO 时面临的最重要课题是对企业过去十年来以摆脱传统事业为目标，积极推进的多元化计划做出评价。

前任 CEO 认为多数人支持多元化，那么即使有的部门状况不佳，也不会影响其大体成功。但 Coleman 对此感到不安，于是使用 SVA，试着对多元化计划所导入的新部门进行业绩评估。

首先，他按以下顺序计算对针对新事业的纯投资额。

（1）计算全新事业从初期投资到现在所花费的总投资额。

（2）对总公司所支付的费用与红利作为正现金流量，从（1）中扣除。

（3）根据利息和项目风险来计算资金成本。

（4）使用前一项（3）的资金成本，计算投入资金的时间价值。

（5）将这些全部加起来。

接着以同样的方法计算新事业本身的经济价值。

（1）合计各事业计划能得到的收入，也就是将来预估的现金流量。

（2）计算资金成本。

（3）用前一项（2）算出现值。

将所得的纯投资额与经济价值相比较后会发现令人惊讶的事实，那就是投资额比之后产生的经济价值高 5 亿美元。这当然令 Coleman 十分担忧。

他紧接着又用同样的方法算出了包含已有事业在内的公司整体经济价值，将其与公司的市场价值（股价的市值总额）相比较，发现市场价值不到经济价值的 85%。造成这一差距的原因可能是由于对股票市场上的该企业认识有误，或者是某个事业计划本身偏离了现实。

Coleman 重新计算了每个事业部门的经济价值后，又发现了更多事实。首先，经济价值的 95% 以上仅由 3 个部门产出，剩下的 12 个部门中甚至有的现金流量事业连投资回报也是赤字，这是因为现金流量要由负转正需要一定时间。

而这 12 个部门虽然不足整体经济价值的 10%，却投入了经营资源的 30%。之所以会出现如此大的不平衡，Coleman 认为原因在于当初的计划本身就是在过度乐观的预测上制定的。

如果将计划的前提条件换为更现实的数据，那么再次计算预估现金流量时，公司的经济价值就会缩小为基本等同于市场价值的水准。

企业重组的最佳流程

像这样计算出的经济价值会根据如何设置前提条件发生不同的变化，但股东所期待的企业价值是有一定范围的。企业价值的最大值就是将所有事业部门分开，以对该事业部门最有利的条件卖给股东后所得价值的总和。而最小值则是该公司的账面价值加上资产销售价值。

企业能创造出多大的新经济价值，可以根据改变该范围内的目标函数条件来计算。从制造到市场营销，通过掌握会对财务各方面要素的经济价值造成冲击的程度来找出企业经营的优先课题。

比如在考虑战略时，一味地并行发展并不一定能产生较高价值。要从增加利润，减少运转资金，提高销售能力等选项中找出最能刺激提高价值的各事业固有要素。通过强化销售能力，有可能让积极的成长战略建立在低成长策略之上。如果不重视这些要点就贸然地增加投资，则可能非常低效率。

SVA 为新的价值创造机会提供了蓝图，在实际的企业重组或改造某个事业时，SVA 也是优秀的指标。

企业重组包括重置事业证券投资组合、资源再分配，以及资本构成重置等金融工程，主要有三个方向。

具体的重组方法论又分为凭借企业自身实力和借助外力这两个方法。重组的流程如下。

首先使用 SVA 手法详细了解事业部。通过削减后勤费用等手段来追求企业内部可实现的潜在价值。接着对事业战略和运营方法做出改变，追求与其他部门的合作。最后则是讨论包括出售事业部或进行收购在内的最优价值。

通过用 SVA 彻底追求各阶段所产生的新价值，就能提前防范由于突然出售事业而造成的股东反弹，避免诉讼案件等纠纷。

SVA 实用化的教训与心得

如前所述，SVA 是非常实用的经营判断指标。但是当你下定决心将 SVA 用于新系统时，必须去除许多心理和制度上的障碍。

对于 SVA 实用化的经验教训，可以从百事公司等企业的实践体验中学习。

(1)给予动机——首先，领导者要清楚告知公司内部将要导入 SVA。同时更换评价标准，根据经济价值来确立新的报酬制度。此外还要考虑到按照新的检查标准来评价过去的业绩时，尽量不要让员工陷入不利的立场，在变革时必须有意识地将旧游戏规则下的旧事一笔勾销。

(2)技能的构筑——SVA 研修之类的教育自不用提，On-the-Job Training（岗位培训）更是最有效的方法。SVA 要多人熟练后才能发挥作用。

(3)SVA 导入计划的构筑——SVA 发展需要电脑软件的技术专家。要完成 SVA 导入计划，那么设置一个能让实际负责各个事业部的分部主管、负责整体协调的企划部门责任人和软件技术专家三方合作的体制是必不可少的。

(4)新企业文化的创造——即使在理论上理解了 SVA，但要摆脱长年信奉的销售高额收益率的诅咒却并非易事。是否能将以价值为基础的运营作为核心创造出新的企业文化，才是SVA导入成功与否的关键。

山口由美子

原著 "Valuation:Measuring and Managing the Value of Companties"

(John Wiley&Sons,1990)

①原题 "Cash is King"

作者 Thomas E.Copeland（纽约事务所员工）

Jack Murrin（纽约事务所员工）

Timothy Koller（纽约事务所金融顾问）

②原题 "Managing for Shareholder Value−from Top to Bottom"

作者 David L.Wenner（亚特兰大事务所主管）

Richard W.leBer（亚特兰大事务所资深顾问）

第十一章

日本企业是否具有
"真正的经营能力"

一、解说——日本企业是否具有"真正的经营能力"

美国市场的巨大高墙

大部分日本企业都要直面美国市场中的高墙。

第一是人才培养，尤其是总经理不足的问题。大多数日本企业都是从先供货给批发商开始进入市场，接着才建立自己的直销店。

进入美国市场后的日本企业会随着直销店的扩大、财务和零件供应服务功能的强化而逐步提高销售额。为了逃避汇率变动和美国保护主义，下一步就是在美国国内建造生产据点，并且为了设计和开发符合市场需求的产品，需要大量工程师、科学家等白领人士。

日本企业以往对于美国这种巨大市场所采用的方法是在营业方面建立总公司国际部，在制造和开发问题方面以事业部或工厂的负责区域为直接窗口来管理当地业务。而在出口国以营业为优先的结果就是与营业相关的几乎都由高层人士任职。

总之，分割各区域的经营方式（也就是制造、销售、技术各自分离）让日本企业很难在美国展开真正的生产或复杂的商品开发。这当然不是培养全才的职业道路，也导致难以培育出能统率制造、销售、技术这"三军"的人才。

如今必须切断"脐带"，培育海外据点的全才。不过这一思想转变远比想象的困难，尤其是在美国这种巨大市场中，必须要有能媲美日本总公司总经理级别能力的人才。今后从日本输送人才，也必须抛弃以往按卖场和工厂等不同区域选择人才的方式，投入超级全能型人才。

第二个问题是无法理解销售渠道的特点。美国的销售渠道在本质上与日本渠道并不相同，也可以认为它的渠道分化比日本更为先进。

日本企业在国内是非常善于销售渠道管理的。以家电业界为例，它们会组建自己的销售店，也会适当地推广量贩店。如果是零件制造商的话，还会组织共荣会。此外，还会设置销售奖金，只要期末有一定额度以上的销售业绩，就会给予追加奖金，对销售店进行保护和培养。

而美国的制造商与销售渠道则是水与油的关系。与日本正好相反，美国是渠道控制制造商，根据顾客需求推出商品并制定价格。此外，美国就算设置与日本一样的销售奖金制度，也是将该红利返还用户，将其作为低价出售的金融资本。其结果就是销售的主导权完全由销售渠道来掌控。

因此在美国，日本企业必须放弃折扣或奖金等在价格上的直接战略，转而设置与销售渠道相关的共同项目，让制造商长期对销售渠道保持关注。

此外，日本企业在美国喜欢频繁利用大众媒体。虽然这能吸收销售补贴金，但大众媒体所消耗的钱也如流水一般，造成日本企业市场营销的费用过高。尤其是办公机器和家电产品领域，销售经费能达到合理售价的三成到四成，几乎很难有利润。

但即使如此，日本企业至今也未遭受过沉重打击。其理由是有时会出现日元贬值美元升值的情况，从而得到预期之外的收益。托此"神风"之福，能坐享短期利益，但也因此不去积极地解决问题，一旦日元升值就难以产生利润的状况也一直持续。

第三，即使同属日本企业，不同产品对美国市场的浸透度也是各有不同的。在系统商品、用户型商品以及需要施工的商品等领域，日本企业几乎全军覆没。

比如家用空调、洗碗机、洗衣干衣机，以及在大楼设计阶段就必须进行相关施工的电梯等商品，日本企业一筹莫展。因为这与 cash and carry（购买后自行运货）且只要插好电源就能工作的风扇和窗型空调不同，只要是必须施工的产品，日本企业的浸透度就为零。即使同为家电业，当日本的 AV 机器等棕色货物（棕色货物指电视、录音机、音响等外壳为棕色的电子产品）席卷美国市场时，却没有一家日本企业在白色货物（白色货物指电冰箱、洗衣机等外壳为白色的大型家用电器）领域获得成功。

以冰箱为例，美国开始流行一体化系统厨房，很多情况下在施工阶段就必须确定厨房构造。但美国的电线施工工会与管道施工工会是分开的，日本企业缺乏与这些工会进行交涉并推进商品施工的技巧。

日本的销售系统也并不是都不适用于海外。如果是在能接受日本的销售文化且具有一定灵活性的国家，比如东南亚等地，那么就能直接移植日本式系统，冰箱与洗衣机等也能畅销。然而，在工会等方面与日本系统截然不同且无法与日本做法相容的欧美等国，日本的系统就很难被接受了。

医疗企业领域也是一样。美国市场也并不一定完全拒绝别国制造商，如西门子、飞利浦等欧洲企业也在美国发展良好。因为欧洲企业能说服医生，扩大销路。

而在销售精英的手法尤为重要的大型电机、通信机和交换机等行业，日本企业也陷入了苦战。因为就算日本企业的主力员工切入了美国市场，要成为销售精英也非一朝一夕的事。

在商品实力上，日本产品与他国产品相比确实具有很大优势，但在需要顾客与业者紧密接触的领域，日本企业却完全无法浸透市场。

举个例子，日本的工业产品表面上似乎成功攻入了美国市场，但其实包括建筑机械、综合建设、空调、电脑等系统机器在内，还根本没有渗透到市场核心，也就是并没有能够攻击美国市场并动摇其根本的领域。虽然日美贸易不均衡的呼声极高，日本被指过度进行压倒性输出，但事实上日本企业只在仅凭品质和价格就能输入商品的渠道获得了成功。此外，在服务行业也可以说毫无成功先例。需要人才培养和经营系统才能运作的服务业，依旧是美国占据压倒性优势。

没能在欧美，尤其是美国打好基础的结果就是日本企业的世界化出现了极大的空缺。即使是在日本已经非常优秀的企业，对欧美的输出比例也仅为个位数，大多也是因为难以突破国际化的障碍。

另一方面，美国企业对日本的浸透程度又如何呢？比如最近有报道称日本 IBM 业绩下滑，但即使如此，它的营业额也超过了一兆日元，通常利润也在 1000 亿日元以上。而同一业界的惠普（HP）、太阳微系统公司、微软、DEC、Lotus 等企业也在日本创下了漂亮的业绩。

在服务业方面，美国企业通过与日本企业的合作或合并也获得了各方面的成功。比如酒店业的希尔顿、喜来登、假日酒店，信用卡业界的 AMEX、Diners、VISA、Mastercard 等也成功进入了日本市场。可口可乐等在日本的清凉饮料市场占据了 70% 的份额，任何偏僻的地方都能看到它的自动销售机。

重要的是严密系数化的科学性

这种日美之间的差距是如何产生的呢？它来自经营实力的差距。只有世界通用的具有普遍性的科学经营技巧才是真正的经营实力。只

适用于日本的方式不过是单纯的环境产物，并不能被称作世界通用的
经营实力。

尤其是美国企业的经营实力，它以对人接触为中心确立起来的系
统具有极强的普遍性。以百货公司为例，从卖场的商品排列到目录，
美国都采用了彻底科学化的购买业务方法，其中具有压倒性优势的是
沃尔玛。从南部阿肯色州起家的 Sam Walton 所率领的公司凭借远远优
于 Sears 和 Jc Perry 的经营系统，在极短的时间内就成为美国零售业
之王。

如今百货公司一半以上的销售额都来自商品目录销售，美国企业
也在力推这一方式。先进企业的销售目录根据订单来决定对某个商品
该给多少页数，放在什么位置，以及给予多少平方厘米的空间，将订
单有效地系数化，并以此进行细致到每一页的管理。这也使得美国的
百货公司业界能够对所有商品进行科学管理，从而拥有制作最有效目
录的能力。

此外，像迪士尼这样的主题公园也会对游客的倾向和爱好做彻
底调查。比如从车库停放的车的车牌号来调查来自哪儿的游客更多，
根据地区算出未入园者的比例，对其寄送直邮广告，以此增加来客
数——其经营方法背后都包含着科学依据。正因为美国的服务产业
具有如此基础，才能在以日本为首的海外地区战胜商品手册等正统
派方法。

严苛环境下才能产生真正的经营实力

那么为什么美国有如此多能创造出具有普遍性的经营系统且拥有真正经营实力的企业呢？这是因为美国是全世界最残酷的市场。

作为多民族国家，美国拥有各种不同的文化和风俗习惯，从而也会产生不同的思维和价值观，在这种社会中，只有贯彻严格经营的经营者才能从竞争中生存下来。像日本这样"守株待兔"式的经营方法根本不适用于美国。在美国环境下，稍不留意就会出现能颠覆传统经营模式的人才或企业。也正因为如此严苛的环境，才能让企业互相切磋琢磨，提升经营实力。美国企业在这种严苛环境下培养经营实力的同时，也站在全球性视角淬炼出了适用于任何地方的经营系统。

而日本则固守于一个地区，采用削减成本等手法，以某种意义上来说十分低劣的方式进行着激烈的竞争。美国市场对日本企业而言等于一个新游戏，也就意味着必须以新的方式一决胜负，所以令他们感到十分可怕。

比如在视频租赁业界已经有华纳影视这种大型公司，但如今又诞生了将视频租赁与电视用户需求相结合的 Home Box Office 等企业，由此展开了激烈的竞争。

在日本，企业很容易以某种方式展开激烈的价格竞争，但美国却是以构成业界根据的部分为核心展开战斗，一旦疏忽大意，整个业界都可能陷入被彻底颠覆的危险之中。有名的低价玩具之王 Toys "R" Us 所采用的经营系统模式是直接从制造商手中进货，在自己的店内销售，这种最快最简洁的方式很快就破坏了传统的流通渠道。而这种做法在谨守大店法则的日本，恐怕立刻就会被传统的小家族商店上书陈情，从而继续被控制在传统规则之中。

抓住机会直击对手弱点，总结用户的不满，在短时间内营业额超 1，000 亿日元的企业也开始出现。比如美国以前有一些附属于制造商的服务部门，如通用电气公司（GE）等，但最近开始出现针对所有制造商提供专业服务的专属企业，于是业界瞬间发生了巨大变化。美国从 19 世纪到现在，几乎每一代都有如爱迪生、洛克菲勒等具有足以开拓一个业界（不是公司）才能的人才，并且还拥有不拘于传统、能立刻接受优秀新事物的用户。

最近，德克萨斯成为商业的最前线，许多公司选择在它的东北部发展前所未有的新事业。比如零售业的 J.C.Penney 或系统集成商的 EDS（Electronic Data Systems）、手提电脑的 COMPAG 等都是其中的典型例子。正因为如此具有远见的企业家精神，才能给原有企业的经营造成压力，最终促使科学且具有普遍性的市场方法诞生。

由单一民族构成的日本在思维模式与教育模式上都是统一的。因此虽然非常擅长改良同样思维模式下的产品，却难以接受多样的方针、多样的价值观和多样的思维。尤其是使用大量白领阶层后陷入市场困境，也是在本国背景下才会出现的独有情况。

日本市场要真正实现全球化，恐怕只能等外国居住者的人口达到日本总人口的 10% 左右的那一天。德国曾经也和日本的现状一样，但随着外国流入的劳动者人口达 10%，加之 EC 十二国进行整合后整

体活跃化，德国不得不开始率领外来大军，于是逐步获得实现全球化
的经营实力。

"日本式经营"的特殊性

至今仍然备受赞扬的"日本式经营"其实只有具备高学历和统一
价值观，以及高劳动意欲的民族，在进行品质核心、大量生产这种固
定生产模式时才是最有效的经营方式。而且在产业上有如此多优良条
件的国家在全世界都十分少见。

在严苛的环境下培养出经营实力，且具有全球性视野和适用于任
何国际经营系统的企业，与在特殊环境下受国家保护，处于温水煮青
蛙的状况，虽然偶尔能制造出畅销商品却无法在不同领域全面开花的
企业，这两者之间的经营实力显然有不可逾越的差距。

从美国的产业构造来看，就业人口的 75% 属于第三产业，第二
产业仅占 20%。美国最擅长的服务业则没计入输出输入统计。而且在
制造业方面，其最擅长的电脑和食品加工等也由于当地化发展，也没
能计入输出输入统计。

另一方面，日本在汽车、OA 机器、AV 机器等二次产业领域的产
品很多，且没有推进当地化发展，由日本国内制造的产品占压倒性多
数。日美在输出输入统计数据与对当地的浸透度之间有着巨大的差别。
日本企业在世界市场上具有优势也不过是古老的国家统计所制造出来
的幻觉而已。

　　许多美国企业是通过彻底浸透世界各地的市场来取得成功的。以汽车行业为例，日本制造商在欧洲市场仅获得了不足 3% 的市场份额，但美国的制造商中，仅福特和通用这两家，每一家就占据了 13% 的泛欧洲份额。美国企业已经具有了足以与大众、雷诺、菲亚特等欧洲代表性制造商并肩的实力。这也是彻底当地化的成果。在世界化进程中，美国企业已经遥遥领先了。

　　欧洲企业的国际化程度也是日本企业望尘莫及的。例如以瑞士为根据地的雀巢就对美国和日本都浸透很深，它在日本的速溶咖啡中占据的市场份额高达 70%。BASP，Ciba-Geigy，Bayer，Sandoz，Roche 等欧洲大型化学企业在日本的销售额也高达 500 百亿到 1000 亿日元。

　　欧洲企业不仅在日本，在美国也开始推进当地化。比如德国的 Hoechst 将美国的 Celanese，法国的水处理公司 Leone des Eaux 将美国的 Infelk，德国的 Daimler-Benz 将美国的大型卡车公司 Freightliner 纷纷纳入旗下。

　　将目光转向除东南亚以外的发展中国家后会发现那已经成为欧美企业的个人舞台。欧美企业与当地政府紧密合作，得到了政府认可这一坚实保护，或者进入了该国的权力核心，从而能够发展更大的事业，几乎没有日本企业介入的余地。

　　日本制造的电视席卷美国市场已经是很久以前的事了。即使所有日本制造商的市场份额加起来超过了 30% ～ 35%，但没有一家企业的份额超过 10%，最多不过是 4% ～ 5% 左右，这显然无法成长为世界性企业。

正如以上所述，从单纯的贸易统计来看，日本的经营实力看似具有压倒性优势，但这是完全的误区。要问日本企业的经营实力，首先要将其放在科学性（也就是清晰的因果关系）与普遍性（也就是能在大多数国家通用的价值观）的标准之上。

在日美欧三大市场中，只有日本企业在同样条件下战胜了欧美企业，才能认为日本企业具有了真正的经营实力。而具有普遍价值的判断标准则是能够在当地调度人力、物力和金钱，从开发到制造、销售形成一条龙业务，并且成功使用自己的经营系统。如果在日本的成功无法复制到国外，就不能证明其具有经营实力。

以往日本企业不过是利用其在日本市场的成功为基础挤入世界市场，发动连珠炮一般的攻势，但缺乏具有能将其在日本市场的成功复制到欧美市场上的经营能力的人才，因此无法在欧美企业重现辉煌。如今许多日本企业已经因此遭遇了挫折。

培养世界通用的具有普遍性的价值观与经营实力，是日本企业的当务之急。况且今后即使在国内，也必须在与欧美同水准的薪金与雇佣条件下一决胜负。几乎同样的薪金成本让国内市场也和欧元市场并无区别。放松管制与市场开发已经是国际公约，那么一不留神的话，许多企业恐怕连"本土防卫"都岌岌可危。

舍弃过去的骄傲，如今重新站在巨大且深奥的世界市场入口，虚心反省过去，日本企业才能真正地迈开当地化的第一步。

大前研一

二、摘译——跨越"美国高墙"的四大条件

如今已经有很多日本企业进驻美国，对于美国的分析也日益受到重视。但又有几家企业能自信地说"我了解美国国内市场构造"呢？

本论文使用了麦肯锡公司斯堪的纳维亚事务所对北欧企业在美国市场的成功与失败案例的分析结果，希望能为包括日本在内的外国企业指明对美经营方式中容易出现的问题。以下将所得出的经验归结为四点。

（1）充分认识美国市场的多样性。

（2）尤其要注意销售渠道和售后体制等业务中与顾客相关的部分。

（3）从销售之外的层面来评价以美国为据点发展全球战略的重要性。

（4）根据美方组织的实力来时时评估在美组织与位于本国的"总公司"之间的关系。

第一个要点是说明美国绝不是平稳且单一的市场。对于大多数产

业而言，美国市场是由顾客喜好、地理或社会性因素、各州法规等等多方面因素影响下，所构成的不同市场环境下各种多样化小市场的集合体。对于外国企业而言，很容易就会忘记它其实还是同一个国家的事实。

展现市场多样性的例子如图 11-1 所示，图中以单纯的指标对地域特点进行了比较。看图应该能较好地理解美国各地域之间存在着类似欧洲各国之间的差异。也就是说，在美国需要根据不同地域来调整流通渠道、产品规格、价格和宣传等。

是否能注意到这一点，将决定性地左右你是否拥有与美国当地企业一较高下的竞争力。比如通用食品公司的"麦斯威尔"是在咖啡市场中占据高市场份额的全国性品牌，但由于东部比西部偏爱柔和的口感，所以即使是同一个品牌，实际也会根据地域来提供不同风味的产品。

又比如 R. J. 雷诺烟草公司甚至会将芝加哥一带细分为三个区域，按照低焦油、薄荷醇等重点，给各品牌制造不同的特征。从这些产品市场中可以看出，在美国全境随意投放同样的产品和同样的广告是难以从竞争中取胜的（以上两个例子都引自 Philip Kotler 的《市场营销·管理》）。

足以匹敌 EC 整体的国民生产总值

时代的潮流正向着全世界无边界的方向发展，但这并不意味着全世界市场将很快无条件地统一化。今后企业反而更需要具备更为丰富的市场知识，因此信息收集能力与洞察力将成为各企业在日美欧大三角（三大战略地区）中实现当地化的"晴雨表"。

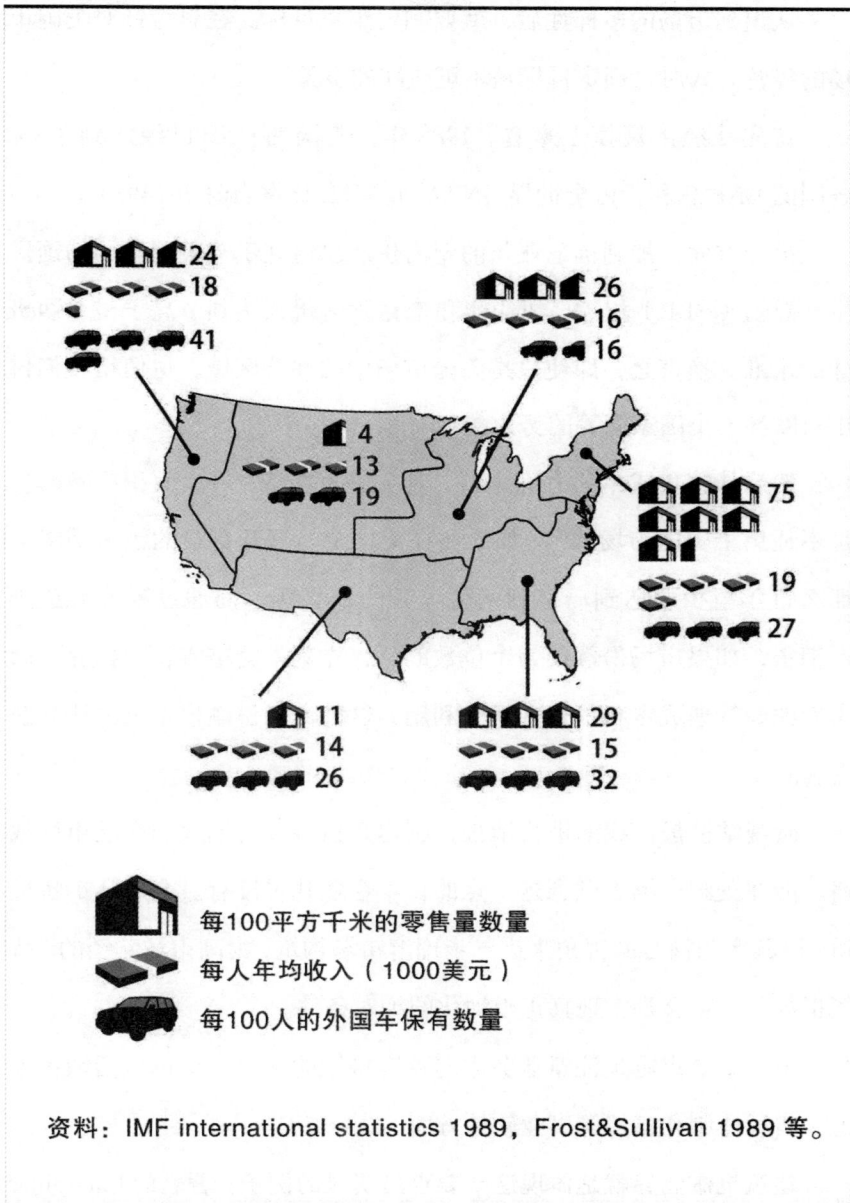

图 11-1　美国国内地域特性的不同

认识到市场的多样性后，就要制定重点目标。在思考针对美国市场的经营方式时，锁定目标是不可或缺的步骤。

首先从经济规模上来看。1988 年，美国的 GNP 已经达到了 EC 各国的 GNP 总和，占全世界 GNP 的近 1/4（日本当时为 14%）。

另一方面，加利福尼亚州的州内生产总值几乎与英国全国的国民生产总值（GDP）相等，纽约州和德克萨斯州则达到了高于整个西班牙的水准。换言之，即使只是美国市场中的部分区域，也值得我们付出对欧洲一个国家同等的努力。

然后从销售成本的方面来看，其关键点在于"'大面积广撒网'是不适用于美国市场的"。如果要在美国全境展开自己的销售网络，那么每年至少要达到一亿到两亿美元的销售额。而通过零售渠道进行销售，如果市场份额仅为个位数的话，立刻就会被零售商抛弃，因为考虑到管理成本和货柜空间的利用，这种市场份额根本无法让其获得利润。

微观掌控最前线的销售情报，制定并执行极为细致的产品市场战略。能在美国市场上做到这一点的日本企业几乎没有。今后从销售渠道、以顾客为核心的视角来进一步理解市场构筑，提高市场营销的"智能指数"，将会是实现真正当地化的绝对条件。

第二个要点则是注意业务中与顾客接触的部分。这也包括销售渠道、售后体制和宣传等事业软件方面。

建筑机械业界就是体现这一要点最明显的例子。著名的 Caterpillar

公司所拥有的强大经销商网络与零件供应体制是其占据竞争优势的主要源泉。也就是说在该业界，成功的关键就是销售服务网是否完善。但对于新进入美国市场的企业而言，要构筑销售服务网需要一定时间，这也是一堵挡在他们面前的高墙。

该业界的外国企业针对这一点的解决方法主要是利用美国当地企业的已有网络。VOLVO 的建设机械部门通过与 Clerk Equipment 的合并迅速获得了服务网。小松 DRESSER（小松制作所与 Dresser Industries 合并而成的企业）的设立无疑也是从这一点来考虑。

值得一提的是麦肯锡公司对欧洲企业收购美国当地企业后的业绩分析结果。根据该结果会发现，通过企业收购进入市场的企业比独立经营打入市场的企业更为成功。

一般而言，企业收购会遭遇各种问题，所以这一结果也许让人感到意外。但只要注意挑选对象，并在收购后进行细致的管理，那么由收购而得到的价值其实是非常大的。不过日本企业并不习惯于收购，仅将收购本身当作目标，往往在收购之后就松懈下来了。

收购中应当重视的"价值"则是以市场调查、市场构造相关知识、有能力的经营层等软件为中心，这部分的重要程度高于设备等硬件。考虑到这一点，那么收购什么企业固然重要，但更重要的是收购之后如何让该企业与本公司的各组织产生联系（企业并购的重点请参照第八章与第九章）。

正如之前所举的建筑机械例子，要求与销售相关的咨询和售后服务的产品市场对外国企业而言，进入市场的门槛过高。这一点从日本企业在美国的实绩也能看出一二。换言之，获得成功的产业大多是可以脱手处理的产品，而在需要软件附加价值的产品领域几乎都没有得到任何实绩。

如果花费一定时间仍旧无法突破软件这一障碍的话，日本企业恐怕就无法真正渗透美国市场了。对于日本产业整体而言，今后的路还非常艰险。

第二个要点是仅凭产品（硬件）的优秀已经不可能在美国市场上获得成功，是否确保了与顾客之间的联系（软件）才是决定成功与否的关键。

销售能力的强化是"万能药"吗？之前的两个要点都与产品销售相关，但接下来的两点则与全球战略中美国的定位有关。

第三个要点是不要只将美国视作销售中心。以往多国籍企业的进化是由输出开始，从进入市场→设立当地销售公司→设置制造根据地→分离计划① R&D 功能这一系列步骤来让原企业组织复制到海外，从而在当地立足。的确，以前许多企业的确经由这一过程发展起来，但这种顺序真的万无一失吗？

现在已经有一些企业摆出了将销售放在第二位的态度，其中最典型的就是制药公司。全世界的医药开发费用有 75% 都是在美国投资，从这一现实考虑的话，即使在美国的销售不佳，单将其作为 R&D 据点也是必要的。在大学或研究所附近设置据点，搜集情报，同时吸收优秀人才，这是关乎企业存续的不可或缺的手段。同样的状况也体现在微电子学和软件领域。

在这样巩固三角基础的步骤中，确立销售能力并不一定是最优先选项，那么企业就应该重新考虑究竟应该先做什么了。

第四个要点是重新思考"总公司"与美国组织之间的关系。毫无疑问，利用各种手段开放性地保持两者之间的交流是必要的，但仅仅如此还不够，还要根据美方的实力，认同美方的组织在企业战略中具有相应的发言权和领导力。

美国公司原本只作为与总公司进行联络的"输出据点"，但随着它逐步发展到与日本总公司同规模，甚至在特定领域更优于日本之后，其作为世界中心的功能就会让两者之间的关系出现动态性的转移。

这并不是什么未来的构图。现在某欧洲制造商在看到某事业部的业务核心由欧洲转向美国后，当机立断地将该部门的经营层全部转向美国，让美国方面成为全球视野的中枢。

不少先进企业已经开始尝试全球三个总公司制度。而坚持只让美方作为"分公司"，居于总公司国际事业本部之下且长期固化该状况的企业无疑是将自己发展的幼苗扼杀在了摇篮之中。

虽然本文是以美国特性为焦点提供建议，但对于正在构筑三角基础的企业而言，这些视点也同样适用于欧洲。尤其是在 1993 年之后形成统一市场的 EC 更是如此。能否在各主要地区实现当地化，取决于能否在世界范围内将这些常识性要点彻底变为现实。

广濑绅一

原题 "Winning Strategies in the Competitive Markets of the United States"

作者 Bart Robinson（斯德哥尔摩事务所伙伴）

Mangnus Nicolin（纽约事务所资深顾问）

第十二章

资金"无国籍化"
带来的金融不安

一、解说——资金"无国籍化"带来的金融不安

资金流动再无国境

工业产品虽然有国籍之分,但金钱却没有 made in Japan 之类的国籍差别。企业只追求资金的低价募集和高运用机会,且资金流向日趋国际化。

从 1985 年到 1989 年间,日本企业在海外资本市场中的募集资金总额翻了 5 倍。此外,在运用上,对于保险、信托、投资信托等对外证券投资余额也膨胀了 3 倍以上。

从各国银行对外活动的国际部门来看,日本银行从 1984 年到 1988 年的资产增长了 3 倍,世界份额扩大至 39%。

在日美利率 1980 股价指数的相关关系上,20 世纪 70 年代的相关系数仅为 0.1,但进入 80 年代后,日本利率决定者由政府转为市场,

日美的利率动向联系更为紧密，系数上升至 0.8%。

而与该关系密切相连的股票市场、债券市场中，其相互影响力也随之增大。因此对比两国的 70 年代和 80 年代会发现后者利率的变动幅度增至约两倍，股价变动也大幅上升。

在这种无边界化的世界里，共有两种资金动向。

其一是作为针对企业生产、销售的金融，与实体经济相关并扩大的资金。

还有一个则是从实体经济独立出来，流入全球金融市场的资金。这种资金流向具有能产生有效金融商品的全球流动性的优点，但不可否定的是，它也带有货币游戏的色彩。其结果就是能抓住市场微妙的利率差或股价变动，甚至税制等制度的漏洞，让资金在国与国之间发生剧烈动荡。

随着金融全球化发展，形成有效的市场后，与实体经济脱离的投机性资金流向过度膨胀。因此，如今各国金融系统的不稳定性与矛盾也日益增加。

这种不稳定性也让最近货币游戏部分的资金流向发生了变化。在泡沫经济下十分充裕的日本资金大部分流向了海外证券机构和不动产业。

对持续的泡沫经济的修正

日本国内在这 10 年间，尤其是 1985 年 9 月 G5 承认日元升值后，为了应对日元升值萧条而采取低利率政策，于是迎来了金融超级缓和期。

在这一过程中，大量资金流入股票市场和不动产行业的投资买卖增多，原本作为保证未来成长性的经济成长手段的金融在股票与不动产上获得了过高估价，从而造成了泡沫经济。换句话说，就是手段和目的颠倒了。

在实体经济下，比如拥有事务所大楼，那么投入资本只能获得2%，最多不超过3%的回报。但如此低回报却能让企业在贷款时凭借所持的不动产获得未来增值的评价，以不动产为担保得到融资，再以该资金又购买不动产或建造大楼。

这种资产等于现金的公式——也就是信用无限制造信用的构造方式——就催生了泡沫经济机制。但这一机制从1989年12月起经过5次法定利率规范，对金融机构进行了规则强化，使其无法再变更。

第一是制定了BIS（国际决算银行）的资本充足率规则。随后日本银行不得不在1991年3月末和1993年3月末分别制定了7.25%和8%的标准。日本银行虽然承认持有股票的45%可计入自有资本，但由于1990年1月后股价下跌，资本充足率大幅降低。于是为了提高资本充足率，银行就必须控制自有资产，也就是控制融资。

第二是大藏省制定了针对不动产关系的融资总量规则。这让银行在实质上规范了针对不动产关系的融资，禁止了新融资。于是以往那种拥有不动产就能立刻得到融资的构图不复存在，并且日本经济出现了不动产与股票复杂交错，一旦不动产难以继续抵押，股票也会陷入僵局的现象，而这种现象在美国也同样存在。

第三是日本银行强化了针对金融机构的贷款增加额规则，也就是强化了窗口规则。这也使银行不得不控制融资。

像这样通过一系列人为操作利率，缩小金融机构的贷款额度，让流入不动产的资金量急剧减少。而在自由主义经济下，政府插手制定规则自然会大幅度影响市场，因此这一修正也伴随着巨大的疼痛。

即使贷款方想以大幅度提高大楼租金来适应利率变化，租赁方也不会答应。而哪怕想出售资产，只要利率负担与其资产运用所得利润不匹配，银行如果不会对其融资的话，找到买家的概率也非常小。于是即使企业拥有再多不动产也很难在需要的时候将它换为现金。

不动产资产过剩，想卖也卖不掉，强行出售还会有损企业估价，与此同时又不得不支付利息。在“红灯，停”这一信号下，原本以贷借贷进行积极扩张的企业遭遇到剧烈的经济环境变化，陷入资金危机。打个比方，就像是“走在大路上突然被车撞”的感觉。

今后应该会在实体经济追上来之前先采取“等待”姿态，之后慢慢地以现金流量为基础，不动产价格也会日趋稳定。但这至少需要5到6年的时间，在此期间如果政府出台草率的“对策”，那么很可能导致市场崩溃。日本以往是以资产估价与现金流量7∶3的比例来决定不动产价格，而美国则相反，资产估价仅占三成，现金流量占七成。今后日本的不动产交易恐怕也会根据现金流量的现值来制定价格，那么东京的商业不动产价格可能会缩减至高峰时期的 1/3。

这就是所谓的"泡沫经济修正"，将经济导向正轨。今后不动产也将再次变为以现金流量为基础的商业。

无边界化造成的同时萧条

这一现象以金融全球化为基础，几乎同时在日本发生。在经济衰败显著的美国，不动产业萧条成为直接导火索，S&L（储蓄金融机构）的经营危机频频发生，大型商业银行在 1990 年第 4 个四半期的决算中甚至出现了大部分赤字的状况。

美国控制信用危机的方法有两个。其一是当单件涉及金额在 10 万美元以下时，政府机构能给予担保。这是在 1929 年的经济大萧条后发生的信用危机中吸取了教训，由国家设置了保险机构。

该保险机构能够保证在金融机构大量破产时，即使实际上已经是破产状态，也不会因银行破产而无法返回用户存款。这样一来就和日本一样，即使会出现一些不利的传言，也不会陷入挤兑等危机状况。

此外，在美国由其他银行吸收破产银行并接管账号的例子也很多。作为抵押的不动产也能通过拍卖来回收债权，对危机防患于未然。

但像大通曼哈顿银行和纽约城市银行这种大型银行则被迫面对困境。美国的大型货币中心银行多数都因发展中国家债务和不动产而受创，并且还在大型商业不动产投资中深受其害。日本的都市银行和长期信用银行也大多都遭遇了同样的问题。而这些大型银行一旦出现信用危机，就很容易引发足以动摇世界整体金融制度的事态。幸运的是目前还没有出现这种状况，但也并不能保证今后不会发生。

在无边界世界中，这种现象是不可避免的。美国与日本的金融机构与系统都非常相似，且密切相关。加之如今跨国境的资金募集和运用系统已经确立，在能够利用市场微妙的利率差或税制等空子套利、资金能跨越国境迅速转移的无边界世界中，不可能只有一个地区遭遇泡沫经济。

追求金融系统的稳定

泡沫经济修正给作为金融基础的信用创造机制带来了巨大影响。由于不动产价格下跌成为可能，形成泡沫经济的所有要素都失去了其功能。即使当局制定各种规则对其施加影响以缓和局面，但业界心理已经很难恢复了。

信用创造本来的意思是以将来能得到的利益为担保来创造当前的现金。一旦信用创造行为过于收缩，那么仅凭过去的储蓄与眼前的实力，也就是所谓的营业收益，很可能导致当前经济成长停止这一重大问题。

信用创造系统虽然应当以当前创造的现金为基准，但将来可能得到的利益也能创造资金，所以如果不能在某种程度上构筑能先行贷款的系统，那么当前的个人生活及企业活动都难以成立。这次的泡沫经济修正所造成的影响虽然无法在短期内修复，不过我们必须以此为原点，重新构建稳定的全球金融。

对于日本国内特有的景气对策，请铭记它并不能帮助企业从当前的萧条中脱身。这次的资产萧条是为了让日本金融业和不动产业正式进入无国境世界经济而进行的轨道修正，政府越是想和从前一样手握市场操纵杆，越是会加深市场混乱程度。

无论日本还是美国都在推进金融机构的合并，而且以现金生成，也就是以扩大募集资金的手段为目的的合并尤为盛行。

仅从运营角度来说，金融机构的合并并没有什么好处。美国正极力推行业务简化，后勤业务由专门的组织来处理，决算也倾向于外包给外部机构。

而合并的好处主要在于零售（小型金融交易）的窗口扩展为两倍，资金量也增长为两倍，并且可期待成本降低。或者不同银行擅长的业务种类不同，擅长处理企业业务的银行和擅长处理个人客户业务的银行能通过互补来扩大自身的资金吸收范围，因此这类吸收合并也开始增多。

美国金融机构的重组大致分为两个方向。一是地区向美国全境扩展，以成为全能银行为目标的合并。二是对某个狭窄的擅长领域——比如一次性支付养老保险——进行加倍强化的合并。

信用必然会在实体经济中膨胀。但现在的我们却是被将来主导着命运，对目前的状况打个比喻的话，就是不是狗在摇尾巴，而是尾巴牵着狗走。而我们必须让尾巴牵着狗走这种本末倒置的信用回到应有的正常状态中来。

当前时期，我们应当认真考虑支撑企业活动的金融应当如何解决全球化带来的不稳与矛盾。

泡沫经济的修正如果超过一定限度也会造成问题。日本终于变为以运营为基础，这在某种意义上来说是件喜事，但在摆脱泡沫经济的过程中要追求事业活性化，税制则成为很大问题。

现状之下，如果将购买的不动产在两年内出售，那么估价利润的89%都将用于扣税。即使是在 5 年内出售，税金也高达估价利润的75%～76%。这当然让人既不愿意购买也不愿意出售不动产，从而导致市场难以形成。而在英国，如果购买土地并投资 20 亿日元在该土地上建造大楼的话，那么该投资，也就是 20 亿日元的 1/3 都将获得免税，且该大楼的租金收入在 3 年内也是免税的。或者去除网络收入经费后的实际收入只要达到投资金额的 1/3 就能免税。也就是说，只要投资人根据税金制度投资经济，则不用面对高额课税。这种税制显然能保证企业的投资欲望不会衰减。

日本目前的当务之急是根据泡沫经济收缩比例，为在正常经济下促使事业活性化而重新制定税制，否则在泡沫经济收缩之后，新消费、新投资，以及日本产业的新动态将难以恢复活力。应当取消现行的土地、不动产性恶论和惩罚论税制，转为事业家性善论税制。

撰写本章论文的 Lowell L.Bryan 曾出版过 *Breaking Up the Bank*（《银行系统的重组》）。该书就曾预测并警告了美国商业银行以及储蓄信用组合的危机，并以维持和稳定信用秩序的观点建议重新分解和构筑银行功能。该书一经出版就在美国造成了轰动。如今，现实的发展正如他所预测的一样发展，证明了他理论的正确性。而后，他又在 1991 年出版了 *Bankrupt*（日译《银行破产》），对银行神话崩溃的原因进行了分析，并提出了重建金融系统的对策，再次受到金融界关注，可谓是国内外评价极高的麦肯锡公司典范性人才之一。

大前研一

二、摘译——构筑"全球化金融系统"的三大原则

崩溃的世界金融系统

现在各国推进中的金融自由化发展才刚刚起步，今后数年间还将出现全世界规模的根本性金融系统变革。

其关键在于足以彻底改变战后金融系统的大规模变革将在短期内激增，并且将发生在全球规模下拥有 20 万亿美元资产（世界 GNP 的 10%）的业界。而现状却是各国在还没有进行规则制度变革的基础上，世界金融系统就已经不可逆转地开始了自由化和全球化。

如果各国政府像以往一样继续对"市场力量"做善后性质的放松管制的话，各国金融系统将迅速崩溃，对社会、经济都将造成重大影响。以美国的储蓄金融机构（S&L）的经营失误为起点，信用系统崩溃的预兆已经在各国凸显出来。

自从 13 世纪末欧洲出现银行的原型以来，银行就在政府或执政

者偶尔的监管下对经济和社会做出了巨大贡献。当然，每当信用崩溃时，也会给社会与经济带来巨大混乱。最近的一个例子就是 20 世纪 20 年代到 30 年代的经济大萧条。

从经济大萧条和第二次世界大战中吸取教训后，主要国家的政府都开始谋求国内经济稳定，预防混乱，于是制定规则限制金融机构之间的竞争，提供存款保证等安全网。此外，汇兑也要求使用固定汇率制。金融机构虽然被各国政府当作履行金融政策、贸易政策的道具，但也得到了在联合企业之下稳定经营的保障。

不过这种规则所带来的有效功能持续时间并不长。一些功利性竞争对手，尤其是处于联合企业之外的对手，往往会凭借创新的财务手法钻规则的空子，提供比以往更廉价的服务，或是提供能返还更多利润的商品。这样一来，一直支付不必要的高额费用的顾客立刻就会转而采用新服务。这一系列过程都是重复进行的。

换句话说，各国政府为了谋求金融稳定，以加入规则、业态规则、利率规则等来控制竞争，其结果反而导致滋生了未开拓的利润机会。而发现这个机会的人能利用创新的财务手段来获取利益，并回避规则管控，于是最终规则开始失去作用，当局无可奈何地放松管制。

这一过程的最初例子就是 20 年前发生的固定行市制度崩溃。从那之后，各国政府的影响力就日渐降低了。

现在各国正在发展中的金融自由化动向并不是由于当局为了向金融业界导入市场原理而积极放松管制，而是在技术革新与金融市场的国际化进程中，"市场力量"不可抗拒地推动，让现在各国的规则难以有效地发挥其功能。

让行政干预失败的"市场力量"

如果各国政府都在抵抗"市场力量"之后又同样被迫实行放松管制的话，会产生怎样的结果呢？这里为各位介绍一下美国的现状。

在美国，直到 70 年代中期，对于消费者而言，银行都是唯一的存款场所，国家经济的大半资金也必须通过银行。在业态规则、洲际业务规则和利率规则之下，银行业界极为安稳。

然而这种状况却随着证券公司提供的货币市场基金的登场以及企业商业票据所带来的资金募集增加而发生了改变，银行在借贷双方的压力值下陷入了激烈的竞争中。

1982 年利率自由化一经推出，银行立刻提高存款利息，想夺回银行之前流失的存款。另一方面，为了确保差额利润，又竞相推出高风险融资。本来这种信用风险是应当反馈到存款者身上的。

但利率自由化的同时，政府所提供的存款保证还在继续。因此，存款者的风险依旧被控制在最低限度，于是即使是自身资金不足的弱小银行也能不用考虑存款者背离，继续进行高风险信用供给。

像这样以过度风险来扩大受益的手段一开始是从储蓄金融机构等小规模银行风行，但信贷竞争的结果最终波及了维持稳定经营的商业银行。随后在很短的时间内，不具备经济合理性的对商业不动产融资或远超合理价格的对企业收购融资如雨后春笋般涌现。

而这些融资几乎都是仅从作为担保的资产的"现金流量"来看就难以填补利息支付的，这种强行背负风险的缺陷当然会随着利益上升和景气衰退而凸显出来。储蓄金融机构的经营问题自不用提，就连曾被认为经营稳定的大型银行，如今也陷入极度危险的经营状态之中。

经营不振的银行频繁出现

图 12-1 是美国商业银行对利息收入的不同运用分类。1980 年与 1989 年相比，作为风险较小的稳定收入来源的核心存款（或核心银行业务）贡献减少，对商业不动产的融资、对企业收购的融资等贡献概率增加（a）。从后者的高风险资产中所得收益甚至占到了银行整体税前收益的近一半（b）。

显示该行业出现了构造性问题的数据非常多，坏账储备金的激增、非利率费用的激增等显示该业界出现了构造性问题的数据非常多（图 12-2）。

a.利息收入（单位：10亿美元）

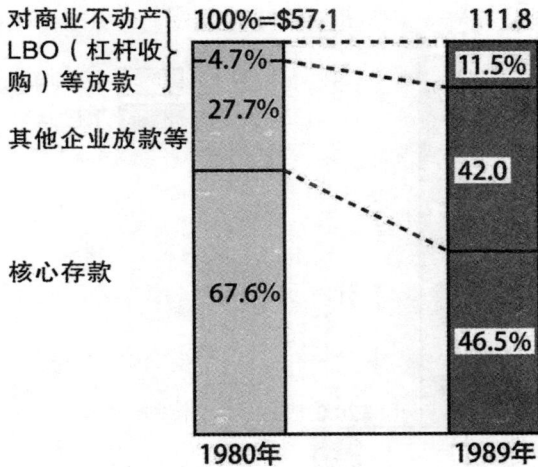

对商业不动产
LBO（杠杆收
购）等放款

其他企业放款等

核心存款

100%=$57.1　　111.8

4.7%　　　11.5%

27.7%

42.0

67.6%

46.5%

1980年　　　　1989年

b.税前收益（单位：10亿美元）

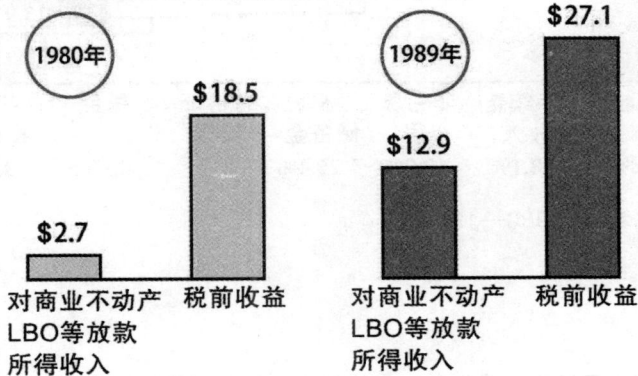

1980年　　　　1989年

$2.7　　$18.5　　$12.9　　$27.1

对商业不动产
LBO等放款
所得收入　税前收益

对商业不动产
LBO等放款
所得收入　税前收益

资料来源：联邦保险；麦肯锡公司分析报告。

图 12-1　美国商业银行利息收入的运用

a.利息收入（单位：10亿美元）

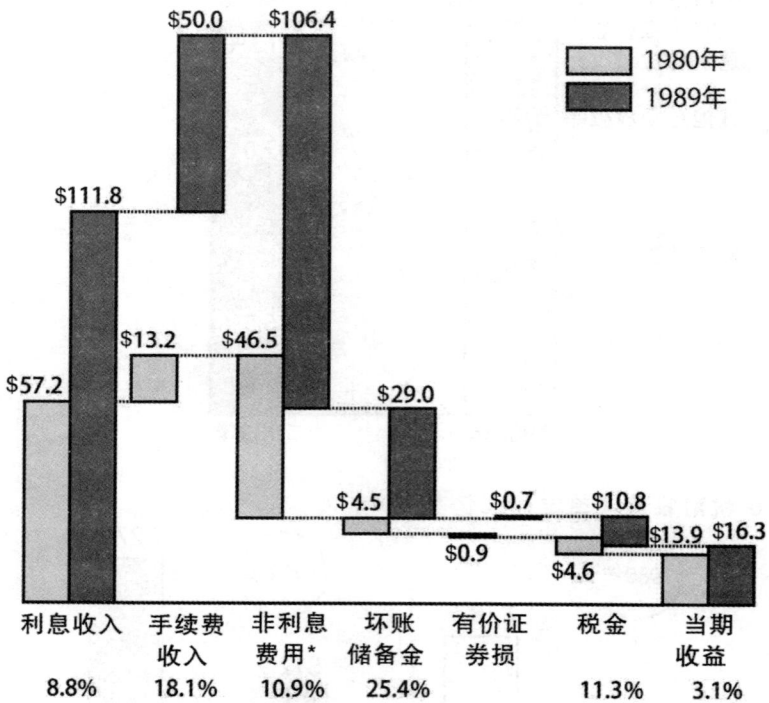

	1980年
	1989年

$50.0　$106.4

$111.8

$13.2　$46.5

$57.2

$29.0

$4.5　$0.7　$10.8

$0.9　$4.6　$13.9　$16.3

利息收入	手续费收入	非利息费用*	坏账储备金	有价证券损	税金	当期收益
8.8%	18.1%	10.9%	25.4%		11.3%	3.1%

变化率/年 1980—1989

*非利息费用主要是指随时在线的电脑和系统等相关费用。
资料来源：联邦保险生活与收入调查报告；麦肯锡公司分析报告。

图 12-2　数据显示，美国商业银行业内出现构造性问题

活期存款、普通存款、定期存款或类似小型市场利率联动存款这种低于市场利率的存款被称作核心存款。这些存款的运用，以及存款相关决算、租借保险箱的基本服务业务则统称为核心银行业务。

数年来，商业银行的坏账有激增的倾向。此外，从坏账基本集中在行业 20% 的银行这一点来看，随着美国经济衰退，这部分银行必然会陷入经营不振的状况。

根据麦肯锡公司的估算，要解救陷入经营不振危机中的银行，美联邦存款保险公司（FDIC）今后数年恐怕会出现 200 亿到 400 亿美元的资金缺口。

即使让各银行提高保险费来解决资金差，也不可能补足这么庞大的缺口。不止如此，一旦 FDIC 给银行经营施压，反而会进一步增加自己的负担，从而陷入恶性循环。

此外，将银行的资本充足率提高至当前水准以上作为短期对策也不太现实。现在银行股价低迷，而且由于一半以上银行的评价都在 A 级以下（1980 年一半以上都是 AAA 级），要从资本市场募集必要的资金也不是件易事。

金融系统稳定化的三大原则

美国金融系统已经接近崩溃边缘，而日本也开始收缩投机性泡沫经济，这时正是最危险的状态。而欧洲各国的金融系统也有可能在针对 EC 一体化的放松管制过程中走上和美国一样的崩溃道路。这是因为各国的规则体系已经无法应对当前金融市场的自由化和全球化趋势。

自从固定汇率制度崩溃以来，金融国际化开始，"市场力量"接连冲破规则的阻碍。从汇兑市场出现之后，全球化的货币市场、债券市场也开始兴起。但股票和不动产部门却由于各国间规则的不同，还没能构筑健全的国际性市场。最近就连企业收购都与国际相连，形成了流动性较高的市场。

各国的金融市场已经紧密相关，因此现在半吊子的全球化反而促进了各国间急速的资金流动。此外，现在这种某个国家打个喷嚏都会影响其他国家的状态显然也提高了市场的不稳定性。

为了各国金融系统的急速崩溃给社会和经济造成重大影响，各国政府都必须跳出国家利益，从同为地球居民的角度来认真思考应当如何构筑无边界时代下的金融系统。

幸运的是，现在已经没有阻碍银行和金融市场全球化的规则了。

今后，各国政府相互协调构建的新系统必须解放"市场力量"，让竞争更为活跃，但同时也要有能维持市场秩序的最低限度规则存在。无边界世界下的金融系统必须满足以下 3 个原则。

（1）各国政府要确保金融机构之间的竞争在公平且通用的规则下进行，保证市场效率。

（2）给予金融机构能参与所有业务的自由。同样在公平且通用的规则下，使用残酷竞争原理，无法给顾客提供充分附加价值的机构将被淘汰。

（3）各国政府要针对核心银行业务提供安全保证。但为了防止滥用，必须对融资对象低风险的资产等进行严格监督。

金融机构的理想前景

在基于以上原则构筑的系统之下，金融机构将发展成怎样的具体形态呢？

理想形态之一是使用借贷证券化的技术来实现分解银行业务功能的模式。该模式能将以往一个金融机构处理的一系列金融中介业务分解为存款、投资融资、金融计划审核、信托等单独功能。

而这些功能则分别由能给予最低价格和最好服务的最有实力机构来提供（详细介绍请参照前面章节《银行系统的重组》有关内容）。

美国虽然没有一口气发展到这个阶段，但也首先快速地解决了金融系统的构造性问题。为此必须将银行的低风险业务从高风险活动中分离，恢复让政府甚至纳税者分担金融机构所承担的过度风险的系统。

作为解决对策之一，将银行的核心业务分离为核心银行，除此之外的业务则建议与投资银行等合并。

这种方式中的核心银行不仅能得到政府的存款保障，给存款者提供安全而方便的服务，还能预防过高风险。除核心银行以外的金融机构虽然不能得到政府的存款保障，但能适用放松管制下的市场原理。

以美国为例，这样的改革必须对《格拉斯—斯蒂格尔法案》和《银行持股法》等法律进行修改，原有金融机构还得掀起整合、重组的风暴。而对现有规则进行根本性的改革对于各国政府和金融机构而言，必然将伴随着巨大的疼痛和抵抗。

然而各国金融市场已经处于相互依存且紧密相连的状态，任何政府都无法阻止全球化金融系统的大趋势。

虽然目的相同，但各国能否顺利且迅速地组建全球化金融系统，就要看各国政府今后如何应对了。

原题 "The Role of Banking in Society"

"Restoring Health and Profitability to the U.S.Banking System"

作者 Lowell L.Bryan（纽约事务所主管）

第十三章

日本的银行能否成为世界一流银行

一、解说——日本的银行能否成为世界一流银行

EC 一体化开启金融战国时代

EC 一体化给金融界带来了巨大影响。一体化之后的 5 年内，各国银行首先将开始生存战。

这些银行包括英国的 National Westminster 银行、Barclays 银行；荷兰通过国内吸收合并而扩大化的 ABN AMRO 银行；法国的 Paribas 银行、Credit Lyonnais 银行、巴黎国立银行等；瑞士的 Suisse Union 银行、Credit Suisse 银行、SBC（Swiss Bank Corporation）银行；德国的参与证券业务的德国银行、Dresdner 银行、Commerz 的巨大通用银行等。

在这些大型银行的激烈竞争中，葡萄牙、西班牙、丹麦、比利时等国内没有大型银行的国家又如何呢？在这些国家，随着企业活动的全球化，优良企业在金融方面将与资本力更为优秀的其他国家银行加

深联系，而国内银行则将成为其他国家大型银行的饵食，沦为被收购的对象。

在这场以欧洲全境为战场的战斗中，大型银行将逐步吞噬中小银行。或者收购专业化的小规模银行，用以提升自己的专业性。而专业化的中小型银行可能会采取不公开股票的方式来避免被收购。

激战到最后，欧洲恐怕只会残存 10 家左右的大型银行。瑞士 3 家、法国 3 家、德国 3 家、英国 2 家左右。进入这一阶段后，彼此的竞争对手规模都过于巨大，无法再进行收购。比如德国银行就不可能收购英国的 National Westminster 银行。

最终这些银行将只剩下两个选择，或是和日本或美国等非欧洲银行联手，继续收购欧洲的其他银行，成为全球化的大型银行，或是放弃收购，进行大型银行之间的合并。

在这两个选项中，寻求非欧洲势力的援军违背了作为 EC 一体化精神的泛欧洲主义，所以要得到国民认同将不是一件易事。我认为与非欧洲势力联手也不一定没有成功案例，但那恐怕是极少数，最终趋势还是以欧洲不同国家势力之间的合并为主流。

电机业界就有类似先例。非 EC 国瑞士的代表性电机制造商 Brown Boveri 通过与瑞典最大的大型电机制造商 ASEA 合并，诞生了欧洲最大的电机制造商 ABB。这样一来，EC 一体化的目标——也就是无国籍的超级企业也随之出现。同样在金融方面，无国籍的超级银行的出现也是必然的。

　　大型银行诞生的背景是企业金融的国际化。比如引起欧洲经济界轰动的轮胎业界企业并购混战的当事者就是与意大利 Pirelli 公司德国 Continental 公司都有合作的德国银行。

　　此外，意大利的综合办公器材制造商 Olivetti 的主银行是英国的银行，该银行的会长与 Olivetti 的卡罗尔·贝诺德特会长是至交好友，并且该公司股票大半都在伦敦证券交易所交易，资金募集也在伦敦金融城进行。如果没有伦敦的资金力量，Olivetti 就无法实现积极的国际企业并购战略。

　　美国的花旗公司正在德国积极展开活动，伦敦金融城中的美国投资银行也具有极大的影响力。例如，与 Credit Suisse 公司合作的 First Boston 公司已经成为能与日本的野村一争金融城发行市场第一位、二位的存在。

　　在这种对公业务（法人向金融）的世界中，过去 10 年都是泛欧洲活动先行一步。在这种状况下，各国的大型银行已经发行仅针对本国企业进行金融活动已经难以在世界第一线立足，于是开始与欧洲优良企业的主银行密切合作。

　　1993 年之后，银行的整合还将继续。而这不仅限于欧洲银行之间的协作，日本和美国的银行也可能加入其中，为了生存下去而以成为无国籍的全球化银行为目标。

没有国际竞争力的日本银行

日本银行究竟在欧洲市场浸透到怎样的程度了呢？很遗憾，在以企业为对象的对公业务大型交易和在铺设分店网的基础上进行的对个人业务方面都几乎没有涉足，目前日本银行仅仅是欧洲银行的资金伙伴，也就是资金提供者。这与（虽然在各方面出现了问题）以西海岸为中心深入发展个人业务，并以此进驻美国市场的情况大有不同。

此外，在日本银行已经进入了证券业务市场的英国和瑞士，目前看似在与证券公司进行激烈的竞争，但其内容其实是以 CB（可转换债券）等债券发行市场为中心，并且竞争对手大多也是日本企业，实际上只是将放松管制后的欧洲作为贷款地使用而已。日本银行离真正的本土化还差得很远。

造成这一结果虽然也有欧洲自我封闭的原因在里面，但日本银行在开放市场下缺乏国际竞争力却是最重要的因素。如今的状态与以优先金融秩序和保护最弱势银行为标准的金融系统，以及母国日本大藏省所制定的行政方针不无关系。

这种被称作"护航团"方式的特殊日本式系统由于避免了与国内外银行的真正竞争，让泡沫经济下的日本银行在没有实力的基础上却产生了自己具有国际竞争力的错觉。换言之，当日本人的储蓄欲望较低，募集资金困难，并且利率由市场原理所决定时，才能测试银行的真正实力。但我们也必须认清在这种环境下，恐怕没有一家日本银行能成为大型银行生存下来。

日本金融界现在也被自由化与全球化的热潮波及，第一次冲击就是汇兑的自由化。第二次世界大战后以美国的美元为轴心货币的长期固定汇率制度在 1971 年 8 月停止了美元与黄金的交换，从 1978 年 4 月起，汇兑完全转为了浮动汇率制。之后经过一系列迂回曲折，汇兑最终彻底形成了世界性的标准化市场。

第二则是债券流通市场的标准化。在债券世界中，现在已经形成了瞬息万变的售卖系统。

第三是股票市场。如今世界规模的套利交易已经发展开来，而且不仅仅是与个别的上市公司有关，而是以整个市场本身为单位来进行套利交易。比如 3 年前，日本就有超过 200 亿日元的资金流入了股价比东京市场便宜的德国市场。随后，法兰克福市场又开始沸腾，现在法国作为下一个目标，股票市场间的套利现象又已经出现。

首先以汇兑开始，接着是债券，最后波及股票市场。这种标准化、协同化的波浪最终将影响到地区性较强的不动产市场，让全世界同时出现不动产市场萧条的状况。

生存将由是否具有经营能力来决定

个人市场的世界化与通用化正在发展中。比如美国的大型商业银行花旗银行就以日本国内收入相对较高的顾客层为对象，对其推销外币存款或相关商品，从而极大地提高了业绩。据说花旗银行为了进驻日本的个人零售部门，常年都在寻找合适的收购对象，而当现在适合被收购的银行纷纷出现时，仅有直邮广告而没有实体店铺的私人银行在飞速成长，说起来也是有些讥讽的意味。

金融的放松管制也波及了商品开发领域。今后被作为重点对象的将是富裕阶层，世界一流银行都将在世界范围内以该群体为目标来提供商品。

以后的银行恐怕会竞相开发更具吸引力的高回报商品，但这种商品的弊端在于，如果银行没有运营能力，它就只是画饼充饥。运用技术和运用能力才是成为一流银行的关键。

但在大藏省规则下受到利益保护的日本银行却缺乏运用技术。这在原本应当以运用为主业的信托和保险方面也一样。成长于温室中的"日之丸银行"是否能在与欧美一流银行的竞争中提高收益率，将是个很大的疑问，因为现在日本的金融机构只能通过干预使用者和存款者来扩大规模和提高收益。

瑞士银行虽然也缺乏运用技术，但它有出售"安全性"的传统。世界上也有不少顾客认为绝对安全和保密性才是银行最大的好处。但今后从大局来看，拥有运用实力的银行才能跃升成世界一流银行。

不过追求高回报也将增加风险。花旗银行虽然擅长运营，但倾向于对成长力较强的不动产项目进行融资，其资产的 48% 用于大楼建造和开发等融资，导致难以避开不动产市场萧条所带来的影响。

拥有世界性的运用机会，且能够对风险进行适当的评估和管理，在某些情况下甚至能掌握融资方的经营权，能够操控风险，不再单纯只作为资金提供者，具有管理事业的能力，这才是今后全球性超级银行的必要条件。

银行以后必须在提高回报的同时管理风险，要寻求这两个自相矛盾的手段的解决对策，就必须全面掌控情报，并对其进行分析和评价，建立专业团队。最终的关键还是人才与情报系统。早在10年前，花旗银行的沃尔特·里斯顿就曾说过："能改变银行的不是政府，也不是顾客，而是科技。"这确实是极有远见的看法。

人才的培育与系统的确立最少也要10年左右的时间，因此具有明确理念的领导者也是不可或缺的。

欧洲1990年被暗杀的德国银行行长赫尔豪森就是这类顶尖人才，此外还有如今已经将美国证券公司 First Boston 纳入旗下、擅长证券和信托业务的 Credit Suisse 公司会长雷诺·伍德等。美国则有 MIT（麻省理工学院）出身的花旗会长约翰·瑞德，他虽然也深受不动产市场萧条之苦，但由于敏锐地发现了科技的重要性，以此提高了业绩。而他的前任沃尔特·瑞斯顿也同样是这种具有远见的人（拥有长远眼光的经营者）。但即使有如此多优秀的明星，我们还是无法否认人才正在枯竭。

日本当然也一样。如今要回想一下日本都市银行领导型人物的名字和脸，会发现与以前相比，"上班族式短期就任"的人增加了不少。这一事实确实令人惊讶。

银行所处理的商品、营业区域和顾客都在进行金融全球化发展，大型银行之间为求生存正展开激烈的战斗，能否成为胜利者，关键在于经营者的能力及持续性。

欧洲和美国已经开始了决定今后金融界未来的伟大实验，日本银行当然不能继续作壁上观。以"生存"为赌注，创建由对公业务专家构成的智囊团来钻研今后的发展道路将是当务之急。

本章所介绍的论文是由活跃于麦肯锡公司欧洲各事务所的年轻顾问所指出的展望"九三年之后"的生存战略。

而在与欧洲相似的温室中培养出来的日本金融机构今后也将面对汹涌的浪潮，因此该论文很多部分所指出的问题日本同样存在，能给日本企业提供不少参考。

大前研一

二、摘译——已经开始的 EC 金融战国时代

泛欧洲战略的要点

针对 1992 年的欧洲一体化，欧洲银行业正发生巨大变化，以泛欧洲银行为目标，各银行之间的企业并购与合作愈加频繁。但其中大多并没有明确的战略目的，仅仅是为了确保自己在别国市场中立足而无意义地扩大规模而已。

实际上，不同金融领域或不同对象的商品和顾客层的特点也大有不同，有时将重点放在本国市场上会更好。因此各银行要看清结构变化方向对本银行有怎样的意义，并在此基础上来思考今后的战略。

各银行在讨论今后的战略时，首先要决定的是采取重视地区市场的战略还是采取泛欧洲战略。这时的判断标准就是对于本银行而言，哪个领域的魅力更大，以及采取泛欧洲战略是否能保持竞争优势。

对公业务与 EC 一体化放松管制后作为主要目标的个人业务领域不同，从以前开始就有一定程度的自由化和国际化。但随着 EC 一体化，银行的交易对象企业迅速开始泛欧洲化发展，于是对于能跨国境提供金融服务的银行的需求也日益提高。此外，对公业务所需的必要功能与技术在集中处理的情况下优势更大。

另一方面，住宅贷款今后也应当是银行将业务集中于本国市场的领域之一。不仅市场营销要控制在地区范围，并且为了在竞争上实现不可或缺的快速审查，还必须在地区性情报方面给予现场人员做决策的权限。

与此相反的是，投资信托商品则应当推广为欧洲规模和世界规模。由于预计同类商品今后将大有发展，所以将商品开发、运用、管理和事务处理等功能集中于该充满吸引力的领域，能获得的收益更大。顾客层将不再用国籍作区分，而是按职业、年龄与收入来分别应对，便于制定泛欧洲的市场营销战略。

对于泛欧洲商品，可以将银行的各种功能分散于各个最合适的国家，以此战略来提高竞争力。例如投资信托商品可以做以下的功能分散。

（1）商品开发、资金运用——在资本市场和运用技术最发达的英国。

（2）登记、账户管理——在税率最低的卢森堡。

（3）市场营销——在共同基金的最大市场法国或最高发展率的

西班牙。

在泛欧洲战略中可以使用收购、合并、业务合作、自主进驻市场等各种方式，因此需要在 case-by-case（具体问题具体分析）的基础上选择最佳方法。

首先根据领域来考虑战略，找出在该领域获得成功的必要因素，并制定优先顺序。接着为了进行欧洲化，要对各种方法是否满足成功要素进行评价。以这种方式来选择最合适的道路。

比如情报系统的构建和维持需要大量费用（固定费用）的领域，如果认为降低单位成本是成功的关键，那么收购大规模银行，以此扩大"量"就是最合适的方法。

如果想给本国顾客提供只有别国才有的某种服务，那么业务合作也许是最好的方法。业务合作的优点是风险较低，但如果不努力融合不同的系统和文化，效果也可能不佳。

而收购其他银行则可以让自己握有掌控权，不过大多数情况下，为了募集收购资金会欠下高额负债。因此容易产生 BIS 规则和财务体制恶化的问题，最终反而导致丧失竞争力。

收益结构的激变让改革迫在眉睫

在欧洲，银行间的竞争正日益白热化，但这并不仅仅因为 EC 市场的一体化和放松管制。信息化等技术性变化、高龄化和可使用收入增加所带来的消费结构变化等让银行所处经济环境在多方面都发生着巨大改变。

　　因此认为欧洲银行只应考虑泛欧洲战略就是个巨大的误区了。应该说要配合状况改变，尽快检查银行业务本身的问题更为重要。

　　欧洲银行以往几乎没有过价格（利率）和金融商品差别化所带来的竞争。因此它们不需要商品开发能力与市场营销能力，只要通过自己的分店网提供无差别化的商品就能保证充足的利润。于是各行的企业战略都极其简单，就是拓展分店网，确保扩大新顾客的"量"，并将成本控制在贷款的一定比例以下。

　　与其他产业不同，银行以往不是根据商品，而是根据顾客来进行核算，所以形成了用划算的商品来填补不划算商品所造成的损失的价格体系。金融商品的价格是在无视成本和顾客使用效果的基础上来设定的。

　　因此银行既有免费提供的服务与商品，同时也有将虽然对消费者而言几乎没什么价值但价格昂贵的商品与通知存款和汇款交易这类传统型商品进行"捆绑销售"的商品。大多数情况下，银行都不了解每个商品的收益性，只不过在做"糊涂账"而已。

　　欧洲主要7国的普通银行存款平均利润为3.7%，而作为自由利率型商品的共同基金却仅有1.3%的利润。因此银行会考虑从普通存款用户手中收取某种"补助金"。如果今后欧洲也和美国一样，普通存款的利润下降至与共同基金同等水准的话，那么欧洲各行的收益率恐怕会剧减（图13-1）。

100%=270亿美元 **120亿美元**

44% 普通存款

实际利润
普通存款……3.7%
（共同基金 1.3%）

10% 通知存款/汇款

9% 消费者贷款

11% 住宅贷款

假定普通存款的
利润降低至1.3%
时的损失额

26% 其他

▲80亿美元

注：图表分析对象为比利时、法国、西德、意大利、荷兰、西班牙、英国。
资料来源：麦肯锡公司分析报告。

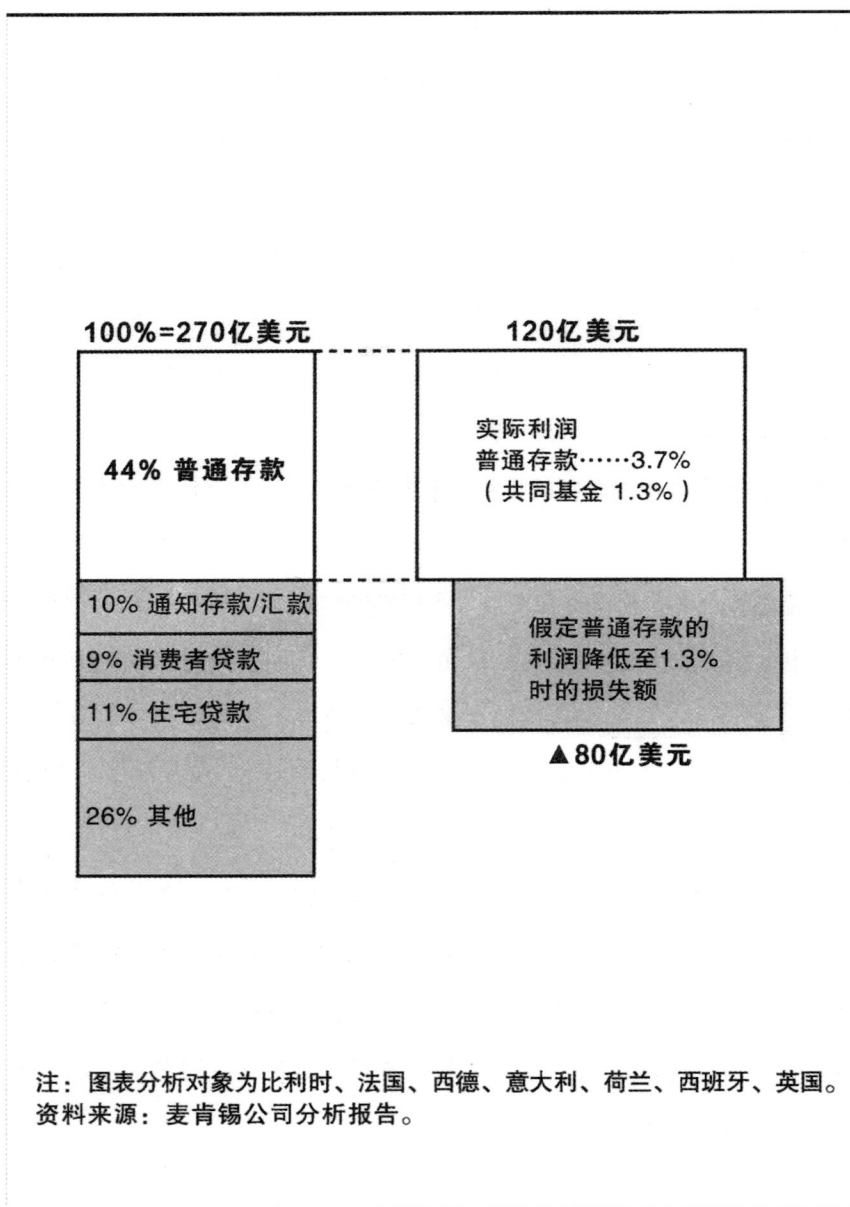

图 13-1　1986 年欧洲银行个人业务不同领域的利润贡献

顾客当然会选择价值更高的商品。因此从 1980 年到 1986 年间，对公业务的年利率增加了 28%，但通知存款和普通存款仅分别增长了 2.5% 和 0.9%。

令人惊叹的专业活动

随着竞争日益白热化，以往并不受重视的商品开发能力、市场营销能力都开始显现出其重要性。此外，为了对抗一部分针对高收益商品新加入金融市场的对手，还必须从根本上改变以往以商品补助为前提的价格体系。

最近 10 年来出现了许多专业化的金融机构（图 13-2）。因为以往银行由于不具备相应功能而无法满足的个别顾客需求，所以这些金融机构应运而生。

尤其是商品差别化方面机会较大的消费者金融、人寿保险、住宅贷款、投资信托和针对高收入人群的商品，其趋势尤为明显。

另外还有以低成本为武器的新加入金融机构。但个人业务的多数领域却与一般常识相反，当银行规模达到地区中等以上后，价格竞争力将与规模不成正比。某些情况下，反而是强化某个业务的专业领域更具有价格竞争力。

专业化金融机构大致分为 3 类。

（1）商品专业化——比如强化住宅贷款、投资信托、消费者贷款等业务的企业。

功能	资金募集	商品开发/市场营销	信用状态审查	业务处理	销售
以往的方式	● 存款	● 长期商品开发周期（3个月）	● 使用传统方式审查时间2~3周	● 旧式大规模系统 ● 高成本（0.5%左右）	● 通过分店出售 ● 较低的专业知识水平
专业化的方式		● 创新的新型商品 ● 短期商品开发周期（2周）	● 活用专业手法 ● 审查时间48小时	● 灵活的最新系统 ● 低成本（0.25%左右）	● 多种销售渠道 ● 较高的专业知识水平
专业化的优点	● 价格竞争力	● 具有吸引力的商品	● 快速审查 ● 较低的信用风险	● 低成本	● 强大的销售能力

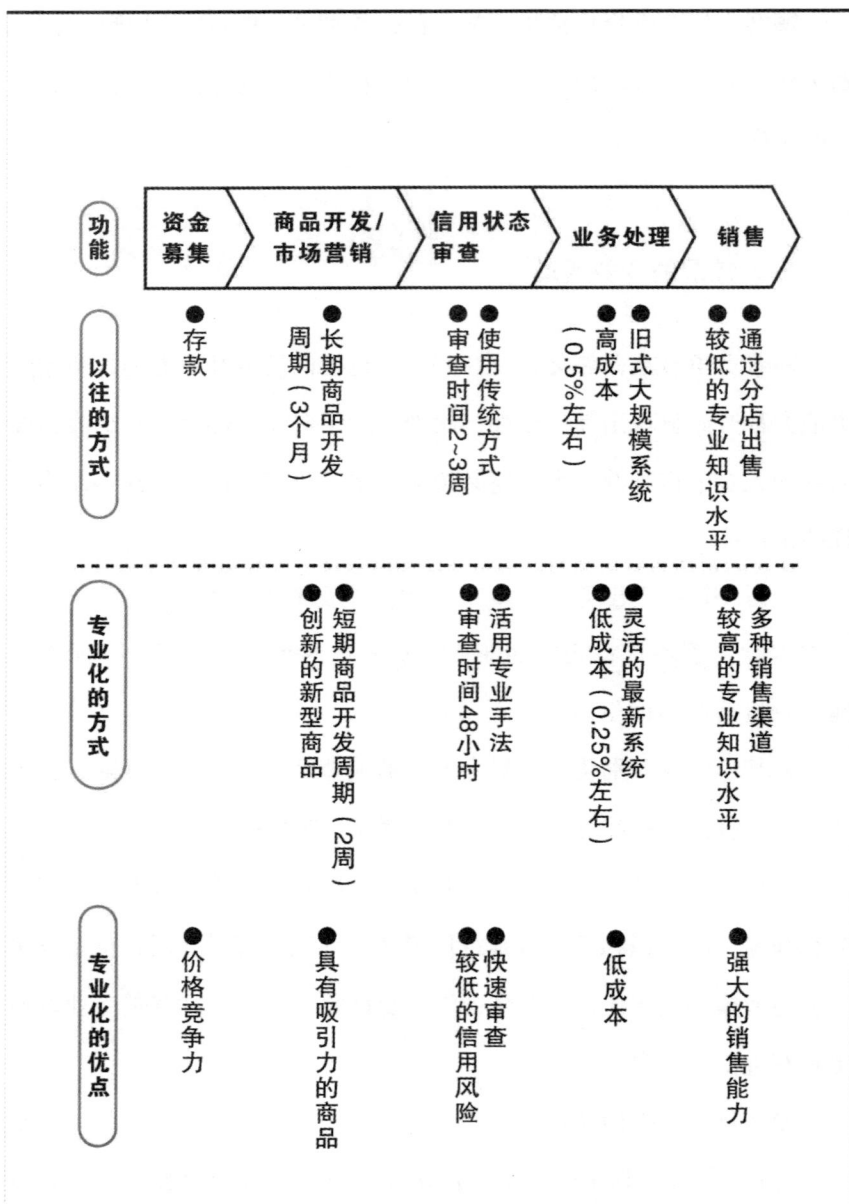

图 13-2　不同功能的专业化优点（以住宅贷款为例）

住宅贷款能通过缩短审查时间和服务来实现差别化。消费者贷款可在 POS（销售点）提供商品，此外投资信托也能通过优秀的资产运用来进行差别化处理。

（2）流通专业化——比如针对高收入人群，通过专属的营业团队销售各种理财产品。各种金融商品则从专业的商品渠道提供给顾客。

（3）业务处理专业化——比如专门处理信用卡业务的公司。

欧洲已经在推进专业化进程。英国的住宅贷款专业化使其市场份额在短短 5 年间就从 1% 增至 11%。法国则有名为 UFF 的金融机构负责专门处理资产形成商品，对个人客户销售多种金融商品，从 1983 年到 1988 年的 6 年间，利润从八千万法郎增至一千七百万法郎。

原有银行的发展之路

欧洲传统的全能银行有两大优势。一是强有力的品牌保障，且在各国都掌握有汇款系统，所以拥有许多固定客户。二是规模大，拥有大多数专业金融机构所无法比拟的财务与资金实力。

要对抗专业化银行，全能银行今后的发展道路就是利用自身优势，并掌握能满足顾客需求的技能。为此，可以选择收购已有的专业化银行或创造自己的专业化系统这两种方法之一。

但传统全能银行的现有组织与体制要应对以顾客需求为重点的专业性银行是十分困难的。因此必须从本质上改变组织和体制。

可以考虑选择以下方法作为未来的银行模式之一。通过共享企业战略计划、资金募集、汇款、商品等顾客信息，将集中化后效果更佳的业务作为该银行的"主业"。而商品开发与市场营销则由负责不同商品与客户的子公司来处理。

各领域的专业金融机构由于专注于擅长的领域，所以不用将其吸收为大银行体制中的组织，而应当作为一个独立的公司来运营，但也没有必要给予它作为公司的所有功能，可以让它的一部分功能依附于"总公司"，如果外包给第三方更有效的话则可委托外包。

对于多数银行而言，要一口气转为上述状态是极其困难的，所以请按照以下所述的方式来阶段性地转换。第一阶段是按不同的商品和流通渠道来分别设置事业部门，第二阶段是将各事业部门变为独立的公司。到此阶段时，银行的本体将呈现持股公司的状态。最后则是第三阶段，银行要构建在战略上最合适的业务组合，为此可以考虑收购或出售旗下的专业化企业。

经过这种大改造的银行范例就是英国的 Barclays 银行。该行不仅将对公业务和个人业务彻底分离，还通过 Barclay 证券、Barclay 信用卡、Mercantile 信用卡等在商品领域具有专业化实力的子公司，实现了多领域营业。

野田良

①原题 "European Banking after 1992"
作者 Heino Fassbender（法兰克福事务所主管）

Peter Wuffli（苏黎世事务所负责人）

②原题 "Emerging Roles in European Retail Banking"

作者 Eberhard Von Lohneysen（柏林事务所负责人）

Antonio Viana Baptista（里斯本事务所合伙人）

Adam Walton（伦敦事务所合伙人）

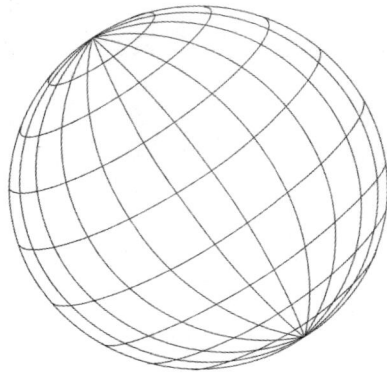

第十四章

震撼金融界的
"企业银行"

一、解说——震撼金融界的"企业银行"

在金融界的漏洞下产生的"企业银行"

1991 年 3 月初，美国最大型的证券公司 Merrill Lynch 在日本的投资顾问公司宣布投资丰田汽车。于是拥有日本最高利润、集团整体拥有 2.8 万亿日元金融资产的巨大企业是否会以此迈出走向综合金融企业的第一步，成为日本关注的焦点。

在日本，事业公司涉足投资顾问业还会成为新闻，但在欧美，事业公司本身经营金融事业都不是什么新鲜事了。

世界最大的汽车制造商 GM（通用汽车公司）拥有名为 GMAC（General Motors Acceptance）的子公司。该公司原本是通用汽车公司在销售汽车时负责出售金融业务的公司起家，但如今它已经拥有约 65 亿美元的总资产，业务的 60% 都是与汽车销售金融无关的普通金融，成为世界最大的非银行金融，更是全美金融排行榜前 10 位的常客。

除了通用汽车公司之外，大型石油公司 Mobil 的基金投资额也远远超过了一般信托公司。而大型电机制造商通用电气公司的子公司 GECC 原本是针对本公司电器产品的信用贷款和发电设备等业务的信贷公司，但如今也负责处理对其他公司事业的租赁等金融业务，并获得了极高的收益，而且通用电气公司旗下还有 Kidder Peabody 这个中坚的证券公司。

此外，IBM 也利用充足的资金，在创建金融公司之余还利用建造公司大楼的社会与当地有实力的开发商合作，将该事业推入金融领域，自己则作为户主将已经入住的大楼的剩余部门出售，采用了利益折半的方式。借此机会，IBM 也顺利跻身美国一流开发商的行列。

美国大型企业利用丰富的资金涉足金融业，并且从中获得了堪比本业的极高收益。这种组织被称作"Corporate Bank（企业银行）"。日本企业最近也因设立与财务部门联动进行金融活动的子公司而备受管制。

为什么会出现这种现象呢？其最大的原因就是银行方面难以充分满足企业需求。能应对市场需求的企业则会扩大收益，发展规模，推进国际化。本来银行自身应当预估企业需求并随之提高银行功能，但银行的思维与功能都停滞不前，只构筑便于自身运营的组织并提供商品，于是银行便在产业界的进化中落后了。

而具有充足资金的大型企业在不得已的情况下募集资金和寻求最佳运用的结果则导致了企业银行的诞生。

第二个原因则是银行要维持其健全性，必然是最遵守监督官署规则的业界，但针对企业财务的管制却在放松。以日本为例，日本银行严格受制于大藏省的行政指导。业内制度被设定为所谓的"护航队"方式，从新设分行到商品设计等一切业务都要得到大藏省的认可。某个银行提供独特服务是不被允许的，要实现具有创造性或新意的服务更是不可能。

但普通企业的财务部门却不受大藏省规则管控，它们能从全世界资金调度效率最高的地方募集资金，并用于运用效率最高的地方。

于是企业银行的存在引起了巨大关注。丰田和松下电器等企业冠上银行的名字已经不稀奇了，而实际上这么做的并不仅仅这两家企业。FANUC、京瓷、任天堂等高收益企业，甚至新日铁、川崎制铁等由于设备投资而拥有丰厚的折旧费，以及充裕的现金流量的企业也加入其中。企业银行的预备军可谓人才济济。

从基金投资到住宅贷款

日本正在兴起的企业银行热潮与以往的企业理财完全不同。

理财是日本独有的现象。在美国，企业如果有某种程度的富余资金，那么必须将其分配给股东。但日本却能将这部分理财资金保留在企业内部，这些包括不动产在内的资产可用于担保贷款，再利用贷款资金进行投资。日本企业趁着泡沫经济低利率时代的反风潮，在短时间内以此获得了极大收益，不过这也仅仅是暂时的副业而已。

但企业银行却是本业。明确而积极地进行事业化，该手法可以称得上专业。丰田公司在 1990 年 9 月对章程进行了更改，在企业银行的事业目的中又加入了金融业和不动产开发业。

欧美从 20 世纪 70 年代到 80 年代一直忙于发展全球化事业，因此不得不投入大量资金。如今这一阶段已经结束，它们开始利用从这些事业中得到的丰富资金，涉足金融这一新的商业领域。日本虽然落后一步，但很快也将步入这个阶段。

而日本企业的企业银行目前出现了一部分高收益、内部余额丰厚、资金充沛，另一部分则完全相反的两极分化状态。历史悠久，员工数量较多的企业会首先选择利用员工基金，否则就大多选择进驻人寿保险或信托银行领域。

在资金募集方面，如果能预先筹集到足够资金的话，企业会选择涉足银行和证券公司的领域。若是能参与海外大规模开发等金融项目的话，甚至会抢夺作为银行传统业务的企业金融（大企业交易）业务。

假如在本公司产品销售中加入分期付款销售或租赁等，就会成为信用或租赁业等银行相关业务的有力对手。另外，如果对员工提供住宅贷款，那么将威胁搭配银行利润最丰厚的领域。

而扩充企业存款制度的话，还能以比银行更低的利率从相关企业的员工和家人手中募集资金，进一步侵食邮政储蓄和银行定期存款领域，夺走银行以利率募集资金的手段。

最近企业凭借比银行更低的汇率来募集资金。根据美国评估机构所做出的评估，1991 年 2 月，曾获得日本银行中最高的 3A 级评价的日本兴业银行的评估等级降低至 2A，而在它之下的日本大型都市银行和信托银行都依次降级。其原因推测是收益恶化，但与此相对的是，丰田汽车和松下电器等企业依旧维持在 3A 等级，在信用等级方面，银行显然已经低于普通企业了。而由于评估的优劣能决定筹资利率，比如在发行 PC（商业票据）时，企业就能以比银行更为低的利率来募集资金。

于是具有凌驾于银行之上实力的非银行金融机构诞生了。在泡沫经济崩溃后从不动产业转向物流业的大荣公司首先开始涉足金融业，随后，新日铁、松下、丰田等信用较高的蓝筹制造商也以不动产开发金融项目的形式加入企业银行大军，显然这一趋势已经不可逆转。

银行利用专业性和运用能力来取胜

从银行的角度来看这一事态的话，主要问题是失去了以往的优良客户，并且这些客户还成为自己的劲敌，这让银行不得不对自己进行大改革。

这时恐怕只有以下两种方法能让企业生存下去。首先是提高专业性，让某个业务成为世界第一。

因为企业银行是有局限性的。它虽然能发挥本业相关周边的能力，但要仅凭一家企业，让企业银行具备降低汇兑风险或进行多国籍货币的互换交易等实力，在日本除了商社之外的企业是做不到的。

虽然银行越是追求专业性越是难以扩大事业领域，但在特定的领域能提供高度专业化的服务，也有可能以此构筑提高收益的体制。

其次是提高资金的募集能力。可以通过有效利用分店网，也就是以个人业务能力为背景，寻找资金募集的出路。

企业银行的原始资本是来自企业本体事业，所以即使是像美国通用这种大型企业，每年也无法募集 200 亿美元以上的资金。而银行当然要发挥远超企业规模的资金募集功能。

不过在利用银行这一规模功能时也会遇到问题。因为大多数的情况下，资金募集都要支付高额利率，所以高度的运用能力也是必不可少的。

众所周知的是，日本金融机构的资金运用能力不佳。因此在不提高风险的前提下学习能加强运用能力的技术是当务之急。

资金运用的最大魅力是高风险、高回报。预估能得到高额回报的长期性大规模地区开发就是其中的典型例子。但银行和人寿保险等受到规则管控，很难实现类似的运用。

所以银行重视的是夹层融资，也就是中风险、中回报。现在的日本银行正对其投入大量资金，但曾在美国和英国实现过的夹层融资也出现了很大问题，显示其一不小心就会变成高风险、零回报。

也有的银行选择更进一步，放弃融资，参与和交易方经营相关的风险投资。这种情况下虽然要背负经营风险，但也可期待高回报。

这里虽然举出了两种生存方法，但最终还是取决于人才的质量与数量，可以说这其实是有实力的专业人才数量的竞争。

围绕人才的竞争也就是银行与企业银行之间的竞争。在人才流动更为活跃的欧美，一流的企业银行几乎都选择从银行界网罗人才。在清楚人才是胜负的关键之后，企业都在积极采用外部人才。

　　而银行方则固执地认为银行业者必须自始至终都是银行界的人。日本虽然最近也开始中途录用人才，但这些人根本无法进入中枢部门。银行方面对于人才的思维太过僵化，当普通企业开始从金融界中学习银行业时，银行方面却还停留在过去的知识层面上。

　　无论欧美还是日本，金融机构都难以摆脱根据监督官署的意向来制定计划的习性，而且喜欢采用善于应对监督官署的人。其结果导致从其他业务转移过来的人才难以发挥能力。在人才之争上，显然是企业银行更胜一筹。

　　这么看来，银行经营者必须具备危机感，明白自己正在丢失以往的优良客户，并正面对着强大的对手。尤其是日本银行，在索尼、松下等制造商努力进驻各国主要市场时，却以进入中等发达国家为重点，用传统的金融业务进行竞争，因此在先进国家的浸透程度无法与制造商相提并论。

　　今后要更为重视企业银行的动向，尽可能地提高银行对顾客的吸引力，铭记这是一场生死之战。

　　后面的论文由麦肯锡公司慕尼黑事务所主管 Helmut Hagemann 收集整理，他参与研究了企业国际财务的最优化模式研究。该论文详细调查了对企业银行影响巨大的欧洲大型企业，并通过论文有效地进行了总结，介绍了企业银行的进化及诞生的背景，并指出了今后银行该如何应对这一动向。

大前研一

二、摘译——"企业 VS 银行"欧美金融战争的构造

"企业银行"四大发展阶段

企业的财务部门是大致通过四个阶段来发展的。

首先是指导正确且有效率的事务处理的"事务管理"阶段。接着是根据不同的金融交易谋求最有利的利率和汇率的"个别交易管理"阶段。然后是各部门从整体角度了解财务活动，从风险、回报、流动性的观点来进行最优化处理的"部门优化管理"阶段。经过以上阶段后，最终到达能称之为"企业银行"的阶段。

"企业银行"对于企业内的各事业部门都会设定以市场价格为基础的交易汇率，宛如一个独立的银行来进行活动。并且对于包括子公司在内的企业整体的世界规模财务活动，也拥有集中的权限和责任。

以往金融机构所提供的传统型金融服务逐渐都被"企业银行"取

代，这当然对原有金融机构造成了威胁。并且"企业银行"并不仅限于公司内或集团企业内部的金融交易，还会对外部顾客提供金融服务，已经彻底成为传统银行的竞争对手。

"企业银行"是企业新的利润中心。通用汽车、ABB（Asea Brown Boveri）、Thomson、通用电气等财务方面发展十分优秀的企业，其总利润的 10% 到 20% 都来自"企业银行"。

那么"企业银行"获得发展的原因是什么呢？

一是企业战略中，财务部门的重要性显著提高。EC 一体化与东欧自由化的结果就是欧洲各产业和个别企业的重组都在进行中。以此为契机，为提高股东利益（股价），企业开始谋求更好的资金募集和风险管理方法。

二是随着财务活动的扩大，企业获得了足以与金融机构比肩的规模经济、专业技术和风险管理技术。大多数多国籍企业已经达到了凌驾于中小银行之上的金融交易规模。比如 1990 年，石油公司雪佛龙就在外国汇兑交易、商品相关交易、业界决算、联合贷款等领域取得了媲美一流金融机构的交易实绩。

三是企业本身的业务支援让"企业银行"在一定的金融服务领域逐步拥有了高于传统银行的竞争优势。比如百货商场、汽车公司、通信销售公司等能配合本业产品的销售来提供金融、租赁、信用卡和保险等服务。

这些金融服务能借助本业所积累的顾客的庞大数据库来大幅度压缩成本，比普通银行更具优势。

四是从大企业的间接金融到直接金融的转换。银行的贷款利率在各国市场和不同企业都有所不同，一般的资本市场下是募资成本的50~150基点（1基点=1%），因此大企业选择不通过作为中介机构的银行而直接进入市场也是必然的结果。

五是科技的飞速变化。POS（销售点信息管理系统）、EFTS（电子资金转账系统）、智能卡等新的决算系统都在大幅地侵噬银行传统的价值源泉。

是"协作"还是"竞争"——迫在眉睫的选择

由于前述原因，企业财务部门获得了显著发展，导致"企业银行"的出现，这种状况成为挤压传统银行的业务和收益的原因之一。现在银行面临着新的抉择，其对策应当从理念、战略和组织三个角度来考虑。

第一是整体的理念问题。银行必须决定对于"企业银行"究竟应该采取怎样的态度。也就是究竟将它当作"竞争对手"来对抗，还是当作互补关系下的"合作伙伴"。

如果将它当作"竞争对手"，那么银行可能就要为阻止"企业银行"的发展而使用政策性的低价战略。此外，在"企业银行"中也有控制不够中央集权化，不够效率的部分，那银行可以以此为目标发起竞争。

而如果将其选为"合作伙伴"，那么就会出现以下几种方法。首先可以选择支持企业设立"企业银行"的方法。以前，德国保险公司

AVG 曾支持多家普通企业设立保险公司，最终成功地与这些企业构筑了具有良好收益性的交易关系。

此外，选择对"企业银行"投资，创建合资公司也是一个对策。比如 Credit lyonnais 银行就用自身的 5% 股份作为交换，投资了 Thomson 的"企业银行"。

此外，还可以选择由银行为"企业银行"提供一部分业务系统（将商品与服务投入市场前所需的一系列功能）和一部分服务分类的方法。比如银行负责认购和事务处理，"企业银行"负责作为代理店进行销售。邮购公司 Quelle 与保险公司 DBK 合作销售保险就是典型例子。

并且银行对于与新的企业财务重点，也就是企业并购、收购对抗方法、投资者关系等相关的技巧，以及通过风险与回报的优化来提高股价的技巧等专业领域，也应当对企业给予支持。

在决定了发展理念后，银行接着应该采取怎样的具体战略呢？简而言之，就是配合商品的生命周期分别实现三个战略任务。

在商品生命周期的初期阶段重视"创新"，在商品浸透市场，逐步国际化的中期阶段重视"推广"，在商品推广为近乎日用品的后期阶段重视"成本管理"。以下将依次解说这三个任务。

第一，"创新"是提供新的金融服务和计划（方式）的任务。在该任务中，开发新创意和构架是很重要的，极其需求专业知识和创造力。

"创新"对于发展中的"企业银行"而言是吸引重要客户的关键。

因为"企业银行"要追求更高的收益就必然得面对更大的风险，而"创新"在风险上相对宽容得多。

传统的财务部门则更为保守，对新技术采取排斥态度。举个极端的例子，这次作为本文调查对象的某大型企业甚至不认可货币期权。

第二是"推广"，它是指某商品从获得传统型财务部门认可的阶段开始大范围销售并开拓市场的任务。"推广"成功的关键在于强大的顾客基础、较高的市场营销能力、不局限于地区而是扩展向全世界的销售网络。

"推广"能将新商品尽快地包装后有效地进行出售。但这时还处于商品周期的中期阶段，也就是"企业银行"刚开始取代银行业务的时期，所以"推广"与"企业银行"之间的竞争是不可避免的。

第三则是"成本管理"。该任务要以低价提供任何人都能使用且习惯化的商品。要通过这种方法提高利润，就必须具备有效的成本结构和高质量的业务处理能力。此外，大多数情况下，还要求达到规模经济的程度。

于是具有高成本结构的专业知识指向的银行显然与该任务目标背道而驰。这种银行往往会贯彻"创新"的任务，而放弃将新开发的商品国际化和日用化，重复不停地开发其他新商品。

那么之前所讨论的能够反映战略的银行新型组织又具体是怎样的呢？和战略一样，它也包括三个任务。

首先在"创新"阶段，必须有能称作"项目主管"的员工。他要敏锐地察觉企业需求，组成小组，开发新产品，保证高质量服务，为顾客提供专业知识。

此外，"创新"的组织结构需要根据不同商品来区分（商品指向）。因为商品开发才是"创新"成功的关键。

在"推广"阶段，作为与顾客建立交易关系的窗口，传统的"客户经理"也是必要的。他们能通过培养与顾客之间的关系，利用银行专家来普及产品。但"客户经理"的必要性是建立在交易对象是传统型财务部门的前提下。

确立了某种程度专业性的"企业银行"将跳过客户经理直接接触专家，并很快会与银行进行竞争。"推广"的组织结构是从重视与顾客之间的关系这一立场出发，其差异性与顾客无关，与地域有关。

而"成本管理"任务中，则需要"事务协调专员"。他们负责有效地、快速地、高质量地处理事务。

在重视低成本的"成本管理"中，与维持费用相关的"客户经理"就毫无存在必要了。且在组织结构上，从彻底削减间接成本的观点来看，将按功能、技术和商品进行分类。

像这样根据三个任务构筑相适应的组织，就能在需要同时实现多个任务的时候根据情况按组织分别处理，制定每个任务的战略优先顺序。

虽然本文对银行该如何应对"企业银行"做了一定概括，但今后在多国籍企业分区中的银行业结构究竟会是怎样的呢？

首先，许多银行都会参与"创新"任务，但能取得长期性成功的恐怕只有少数能确保高度专业性的银行。由于现在的大银行都在谋求承受更高风险的体制转换、专家供给体系的改善和创新指向的组织改革等，所以要在该领域获得成功愈加困难。

而世界规模的"推广"，预计也只会有少量银行能做到，仅限于能通过大规模合并、战略性合作而获得庞大顾客基础的部分银行。

至于凭借"成本管理"获得成功的银行应该也屈指可数。科技越复杂，规模经济越大，能在该领域最终残存下来的银行越少。在淘汰过程中，由于过大的设备投资、撤退代价过高，很多银行都将陷入进退两难的状况。

所以要同时让这三个任务都获得成功，即使对于大型银行而言都难于登天。换句话说，今后不同的银行将更进一步地出现战略分化。

以上是对欧洲代表性的 10 家多国籍企业进行详细分析，并对其他多家企业进行调查后所得出的结论。

原题 "The Development of the 'Corporate Bank' and Its Implication
for Corporations and Banks"

作者 Helmut Hagemann（慕尼黑事务所主管）

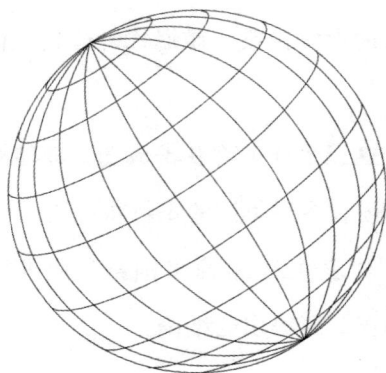

第十五章

"环境"将是未来超优良企业共同面对的课题

一、解说——"环境"将是未来超优良企业共同面对的课题

极速前进的欧美企业环境对策

欧美的企业经营者最近只要参加演讲就必然提及环境问题，显然环境已经成为经营上的重要课题。

在欧洲，国土位于海平面之下的荷兰首先对 CO_2（二氧化碳）增加导致的地球变暖和海平面上升感到了威胁。对此深表同情的 EC 其他诸国也开始认真地从自身角度去思考环境问题了。

1986 年发生的切尔诺贝利核事故让欧洲也蒙上了一层阴影。

此外，长期的酸雨也间接暴露了东欧对煤矿的过度依赖问题经济开发带来的各种弊端赤裸裸地展现在众人面前。随着状况的恶化，人们对环境问题的关注度也激增。

个别企业对此迅速采取了对策。德国的宝马公司首先向社会呼吁
开发满足耐冲撞和易废弃这两个相反要求的汽车。

美国的麦当劳放弃了使用汉堡包的塑料容器，可口可乐也为了鼓
励铝罐回收而给出了 5 美分的回收价。

因此在欧美，商业与环境问题已经成为不可分割的一体关系。而
慢欧美一步的日本，环境迟早也会变成一大问题。

环境问题在欧美早已经不是新鲜事，但对于企业经营而言，理解
它已经成为当下应该最优先考虑的事。

从政客、商人到一般国民，人们开始重视环境问题。其中一个原
因是法律体系还不够完善，只有部分企业受惩罚，这让矛盾浮出水面，
引起关于社会正义和公平问题的讨论。

在这种状况下，麦肯锡公司阿姆斯特丹事务所的 Pieter Winsemius
建议应当围绕环境问题制定划时代的政策。Pieter Winsemius 于 1975
年进入麦肯锡，从 1982 年起，连续 4 年被荷兰政府任命为环境大臣
和住宅大臣。回归本公司后，他作为与环境问题相关的顾问部门的领
导一直十分活跃。

他根据自己当行政长官时的经验，认为所有社会问题都有一定的
政策性生命周期，并以环境问题为例，论述了其有效性。

这也是如今欧洲备受关注的生命周期策略。作为一个极其优秀的
顾问，EC 已经接受了他的主张，配合生命周期采取了相应的政策措施。

本章的内容与前面几张的主旨略有不同，但环境问题对于今后的
日本企业来说也是非常重要的问题，所以在此也加以介绍。

对于不确定性的管理

这种思维是根据经济学上的产品生命周期来制定政策，以简明易懂的论点来进行阐述，其详情在后述的论文中都有介绍。而生命周期策略中有效的政策应对方法，则分为认识问题、战略立案、战略执行和施政管理这四个步骤（阶段）。

首先是认识问题阶段。在该阶段中，要公开与问题有关的各种情报，让人彻底了解问题所在，以及最好和最差解决方案，对社会混乱防患于未然，也就是将不确定性所带来的社会不安因素控制在最低程度。

最近某科学家表示从周期上来看，日本东海地区随时可能发生地壳运动能量是关东大地震 10 倍的垂直型地震，这引发了很大的骚动，媒体也竞相报道。其结果导致东海地区地价暴跌，许多工厂都对防震投入了巨额成本。以某企业为例，它不仅将重要的工厂转移至日本海区域，还对东海地区残留的工厂实施了烟囱高度减半和重新设计楼梯灯等一系列防震对策。

然而实际上，东海地区发生垂直型地震的概率与相模湾发生垂直型地震的概率基本是一样的。

从这个事例我们可以得知，由于没有对"东海地区的垂直型地震"进行"不确定性管理"，导致企业付出了不必要的庞大成本。

纽约曼哈顿也发生了类似的情况。有研究结果宣布原本号称绝对不可能发生地震的纽约岩床也可能出现百年一遇的地震，于是就给人造成了预言纽约可能明天就会发生惨烈大地震的印象。

荷兰在环境问题开始引起骚动的初期也没有进行"不确定性管理"，也曾导致社会陷入恐慌。当时有情报表示温室效应导致的地球变暖会让北极冰山融化，水位上升 2 米。而这会让荷兰的大部分国土都被水淹没，国民当然情绪恐慌。但其实按照融化的正常速度，10 年内水位也上升不了 2 厘米，只要采取建造防波堤等对策即可。换句话说，信息的传递不彻底导致社会不安是不可避免的。

回到东海地震的话题，如果一开始就表明了最好和最坏的结果并让群众充分理解的话，企业很可能会采取别的应对方式，也能大幅度降低成本。所以可以看出"不确定性管理"的重要性。

生命周期策略的第二个战略立案阶段中，要明示对策的选项，并在第三个战略执行阶段实施最有社会效率的对策，最后进展到第四个阶段，则是完全掌控问题，防止行政成本的发散。

导致官司频发的政策应对误区

从生命周期策略来看，日本在各步骤的政策应对上都出现了偏差，其结果就是导致各种问题频发。原因首先是在认识问题阶段就出现了错误。以环境问题为例，日本政治家在该阶段往往对环境问题对社会的重要性认识不足，于是导致群众产生过度反应。

在名古屋的新干线噪声问题上，考虑到受害者的数量与受益者的数量，首先应当在努力减少噪声之后再说服居民方。对于居住噪声难以承受噪声范围内的居民，政府方面应当用税金负担他们的移居费用。

对于伊丹机场的问题，政府之前也采取了错误的应对方法。原本是为了避免噪声问题而建造新机场，这次却又有呼声要求不关闭伊丹机场，让它继续运营。但根据现在的计划方案根本没有考虑伊丹机场与新机场之间的连接问题，两个机场之间换乘竟然需要 3 个小时才能到达。那么就应该在伊丹机场与淀川之间设置非居住区，在此区域挖掘水路，利用水上交通将两个机场之间的交通时间缩短为 30 分钟。或者给在伊丹机场噪声区域居住的人相应的补偿，想办法扩充该区域。

这种候补（代替方案）设想也是第二个战略立案阶段所必需的。在这一阶段要讨论应该选择什么，这时的关键在于弄清什么是最重要的。不仅要明白这一点，同时还要有为此做出某种牺牲的觉悟。

名古屋的新干线噪声问题引发了诉讼纠纷，最终判断让新干线降低速度。但这显然是选择牺牲新干线速度这一公共便利性。日本在进行战略立案时往往会做出政策性抉择，且很少对国民做解释，所以一旦产生诉讼纠纷，反而会出现本末倒置的结果。

本来应该从政治的角度与民众交流，再制定政策性计划，跳过这一步当然很容易让不安或不满的居民和受害者站出来打官司。

这样一来又会怎样呢？法庭当然要按照法律文书和条例来做出判定，但作为环境问题判定依据的法律往往并不完善。

因此许多诉讼从一开始就被拒之门外，并且由于法官也会迫于社会压力，有时很难给予公平公正的判决，从而激发矛盾。

在这个问题上，媒体也有不可推卸的责任。他们往往欠缺整体视角，也不从公众利益的角度出发，仅仅站在"受害者方"来进行偏颇的报道。这种媒体只会给被害者塑造"善"、加害者塑造"恶"的形象，单纯地呼吁赏善罚恶。

由于日本政治的政策立案者并没有将生命周期策略的四个进化过程作为立案的前提，所以经常与普通社会发生无谓的冲突。而一旦判决行政方无须更改方案，居民方就会认为判决不公，对政府产生不信任感，从而围绕环境问题陷入高代价且长期官司的恶性循环中。尤其对于汽车公害、排烟公害、酸雨公害所导致的森林破坏等短时间内就能造成破坏的污染问题，应该尽可能地缩短四个阶段的时间，尽快做出决定，并有效地实施对策。

快速应对能避免过高的成本

在能源发电问题方面，日本以前的政策主要将能源四等分为核能、石油、LNG（液化天然气）、水力等。这种分配比例我认为是正确的，因为海湾战争时期，日本国内也没有出现能源危机。

但问题不在于政策内容，而在于决定过程。由于国民对于核能的认识程度多样化，所以日本选择不公开信息，仅由一部分政客与官僚来做决策，而不是像瑞典一样由国民投票决定政策。而信息不够公开，仅由部分利害关系者做决策的话，虽然速度上很快，但今后的社会性成本绝不会便宜。

比如核能发电站，即使只是发生了小事故也很可能会引发大事件。日本的核反应堆不是切尔诺贝利型，它有收纳的容器，所以即使出现泄漏，放射能流出建筑物以外的可能性也非常小。此外，1991 年 2 月关西电力美滨核电站的放射能泄漏事故也是预想范围之内的事故，只要依照计算注入紧急冷却水就不会酿成大事故。并且这次事故还让日本获得了经验，为今后的安全性多了一层保障，其实原本可以避免无谓的社会混乱。

但一开始政客与官僚并没有将与事故相关的准确情报告知国民，如今即使告诉他们正确的信息，也无法抹消国民对此产生的不信任感，于是又回到了认识问题的最初阶段。

环境问题在每出现一次新问题后都能提高国民的认识程度，并且它的特点是本身的变化也十分显著。对于处于立法、行政、司法的"真空地带"的环境问题，政治家必须谨记各阶段的要点来进行应对。

能做到这一点的话，即使环境问题变化再大，也能制定对国民更为公平，且在地球范围内更能有效控制的方法。

在执行阶段，必须谋求最低的处理成本和对问题的完全掌控能力。如果处理太慢而导致长期纠缠于同一个问题，那么不仅行政费用会膨胀，还会影响之后问题的优先顺序，导致后来的问题应对也会慢一步，从而出现恶性循环。

如果不能尽快将问题转入第四个执行阶段，将产生巨大的行政成本。而这种行政上的浪费还会增加现实的社会成本。

由于一直无法"进化"到第四个阶段，导致许可权限难以从中央转向地方机构，小型政府实现决策成为无法实现的梦。这也是产生"东京一极集中"的原因。

即使尝试进行工厂建设，水电等必须得到中央许可的事项也是头绪纷繁，需要多次前往东京，而这必然会产生庞大的行政成本和经营成本。

如果不能根据生命周期策略的概念来灵活而迅速地改变政策方针，那么每当发生新问题时，初期就会引发社会混乱，之后则会招致社会性成本增加的后果。

只有高敏感度的企业才能解决问题

重点在于预先公开可能出现问题的企划的信息，准备好与反对者进行协商。所以企业高层以下的所有人也应该有作为地球居民的意识，在此基础上详细了解问题所在。

事实证明，发达国家建造化学工厂、制纸工厂等，几乎是不可能完全按照原有设想顺利进行的。反而如果从一开始就与环境团体进行坦率的交流，让其理解计划的安全性及对环境的印象，才能让计划顺利实施。

开发计划也要求思维的转换。比如加利福利亚鸟兽保护区湿地的开发计划就应当以利用湿地的思维出发制定计划书，再与当地居民团体和当局进行协商。

后述论文作者 Winsemius 就明确指出，问题在浮出水面之前是必然有预兆的。

Winsemius 认为，从重要人物的言行、媒体的新闻等都能轻松察觉问题凸显之前的预兆。而企业对于该预兆是否足够敏感，则是极为重要的。

比如加拿大的某纸浆工厂在成为环境团体的公敌之前数年，他们就因为该企划而引发了话题，环境团体多次到当地进行调查，媒体也频繁提及此事。如果是敏感的经营者，应该早就在本企业成为攻击对象之前就开始制定对策了。

敏感度较低的企业往往认为环境保护团体是无事生非。其结果就是预先不搜集情报，等到问题变严重之后再慌忙应对，导致慢了一步，问题更加恶化，比如工厂运转延后几年，直接影响经营，更让企业丧失了社会信用。

相反，员工教育完善，敏感度较高的企业则能发现前兆，有充分的时间来制定对策，从而预先避免问题发生。

如今要寻找与环境无关的事业已经十分困难，企业经营不可能回避这一问题。而一旦被环境保护团体指责，那么今后的事业发展将会很难。

一旦被贴上"不关心环境问题"的标签，还会影响企业获取事业许可证。因此与保护团体搞好关系，顾全企业的社会责任，将是今后的关键所在。

无论是政治还是司法或是企业方，都应该不仅限于环境问题，更要对一切社会问题防患于未然，如果问题出现，则采取能在最短时间和以最低成本解决问题的手段，谨记以生命周期策略为基础的思维。

大前研一

二、摘译——环境战略的关键是"生命周期策略"

环境问题是企业经营的核心

索尼公司的盛田会长很早就断言"环境将是21世纪的核心课题。"

通用电气公司的韦尔奇会长也强调："要实现满足政府、从业员、顾客的环境对策，所有员工都为此承担责任是必不可少的。"

此外，蒲州化工联盟的罗顿会长也曾说过："无法与环境共存的企业不可能长期存续。"

大三角（日美欧三大战略地区）的世界企业如今已经将环境问题放在了最重要的战略位置上。

对于各企业而言，环境对策所需要的成本不可小觑。在钢铁业界和化工业，它甚至占附加价值的 5% ~ 10%。如何有效率地制定环境战略已经成为如今重要的经营课题。

另一方面，舆论对于环境问题的关注度也在日益提高。联合碳化物公司在印度发生的事故和阿拉斯加海域的原油泄漏事故等更是促进了人们对环境卫生的重视。在这种状况下，各企业都不得不致力于塑造自身"对环境无害"的形象。

但这决不能仅停留在"表面功夫"，必须着手制定有效的环境战略。

被称作 excellent company（优秀企业）的企业正赶在时代的前端制定环境战略的理念和计划。3M 公司的 3P 计划 [Pollution Prevention Pays（防止公害与利益挂钩）] 就是其中的代表性例子。此外，Du Pont 公司的 zero emission（零排放）战略也十分引人关注。

也有企业以环境问题为核心谋求新的商业机会。比如欧洲代表性的综合电机制造商 ABB 的约一半商品都与环境相关。

加拿大的 Alcoa 公司正力图制造以节能为目的的轻量化汽车，用铝代替铁作为主要素材。此外，Shell 公司也为了拉大与其他企业竞争力的差距而致力于进行独创性的环境对策技术开发。

显然，环境问题将是今后企业经营最重要的课题之一。对此应该注意的是环境问题是极其政治性的东西，并且在某种意义上会随着时间而发生变化。麦肯锡公司通过"生命周期策略"这一模式，提议在最佳时机应对环境问题。本论文将介绍这种模式的概要，并以此为基础讨论应当如何展开环境战略。

"生命周期战略"是指什么

"生命周期战略"模式分为四个阶段来迎合环境问题的政治性意义（图 15-1）。

首先是"认识问题阶段"。这一阶段的相关人士之间往往会出现"是否有问题""有问题的话是否严重""问题的原因是什么"等基础意见差异。参与讨论的主角大多是专家和环境保护团体，对于政治意义上的关注度较低。比如基因工程学对于生态系统会造成怎样的影响这类问题就属于该阶段。

在这一阶段，"不确定性管理"是关键。如果不找出问题所在及其原因，那么今后该实施怎样的政策将毫无确定性。而一旦稍有不慎，问题还会引发骚动，而这种过度反应是不应该出现的。

所以在引发骚动之前必须仔细确认事实，并且弄清政策今后将向什么方向发展，对此采取灵活的应对也非常重要。

经过一开始的混乱后，如果政府当局理解了问题所在及其严重程度，那么就可以转向第二个"战略立案阶段"了。这一阶段要找出合适的对策选项，并针对成本负担方法与政府展开协商。媒体连日报道，社会对此的关注度也到达顶峰。全球变暖或酸雨之类是这一阶段常见问题。

在这一阶段，要注意的是比起解决问题本身，更关键的是将其政治化目的放在主要位置。所以往往"应该这么做"这种理想论比现实的解决方案先一步出现。换句话说，即成本等都放在第二位，各种政策选项能对解决问题产生怎样的"效果"才是政治家所追求的第一目标。

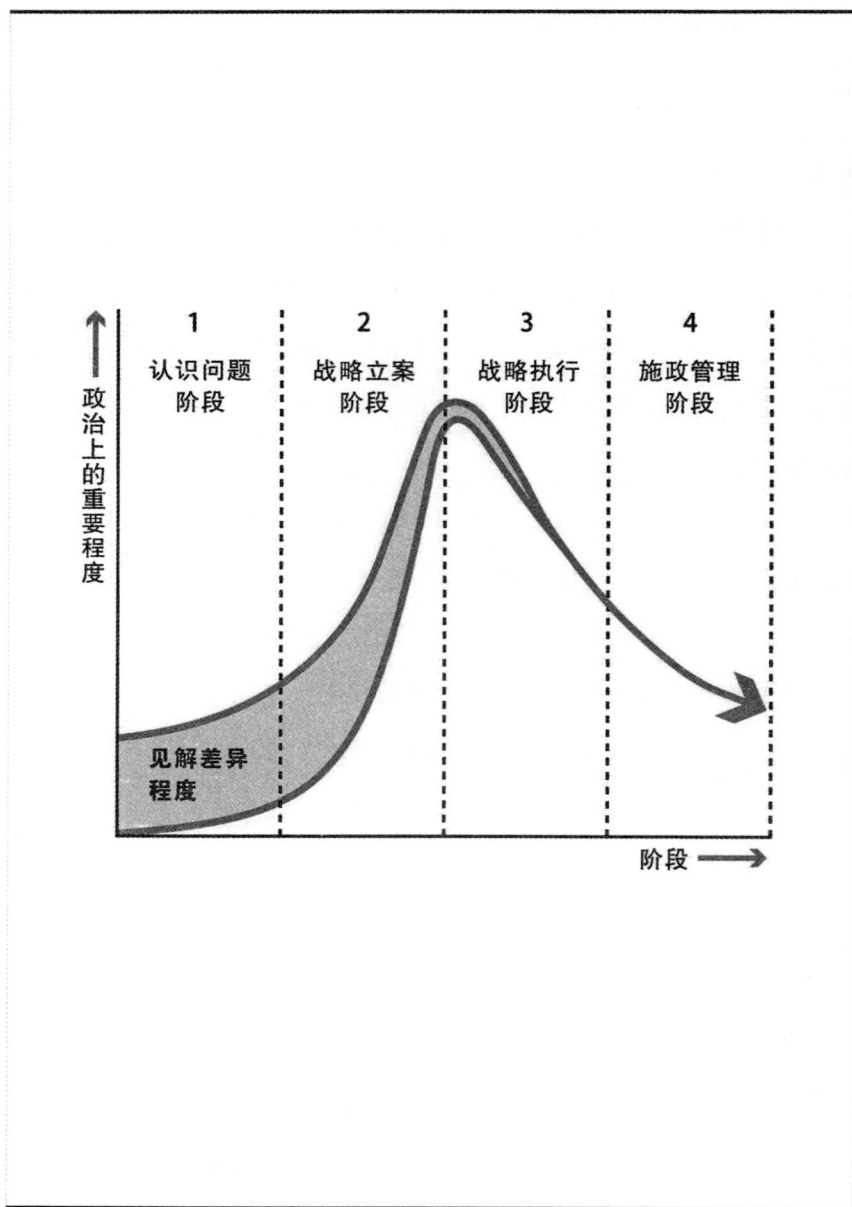

图 15-1　生命周期战略

之后进入第三个"战略执行阶段"。只要战略立案阶段在方向上达成一致，政治性关注就会迅速降低。行政主管也将由政府中枢转为下层机构或地区自治团体。实际相关的产业中心则会和行政方的负责当局商量具体的执行方案，比如垃圾处理和噪声对策等都将转移到这个阶段来处理。

与第二阶段的"效果"相对应，这一阶段的关键是"效率"，也就是找出能获得预期成果的最经济有效的方法，所以从政治性思维转为现实性思维是非常重要的。

最后来到第四个"施政管理阶段"。它要与第三阶段达成一致目标，处理日常运营。这时，政治性的关注度进一步降低，几乎不会因此出现问题。所以害虫防治或水管整备等可以放在这个阶段来处理。

这时在行政方面的重点是无须一直给予严格的规则管控，在某个阶段可以放松管制。

但同时别忘记持续监视环境变化。如果某个原本以为已经在掌控之下的问题又衍生出新问题的话，那么就必须制定新的生命周期战略。

根据时机制定的环境战略必不可少

"生命周期战略"模式虽然在环境问题上迎合了政治性，但也被指出随着时间的流失会发生巨大变化。这种模式同时显示了企业的环境战略也必须根据时机来做出应对。

作为经营者，要在充分看透政治方面的变化的同时根据每个阶段的特点来确定环境战略的焦点。

在"认识问题阶段"，要提高信息敏感度，弄清未来可能会发生什么问题。考虑到今后发展的不确定性，不能局限于单个预测，要留有战略性的自由度，可以进行灵活应对。

此外，为了防范事件多发的情况，掌握"危机管理"的技能也是非常重要的。比如 Johnson & Johnson 在发生泰诺（退烧药）中混入有毒物质的事件时，立刻从所有店铺回收泰诺，反而提高了企业形象。

在"战略立案阶段"，重点是将自己作为团体的一员甚至地球居民的一员，积极担负起社会责任。

对外营造"重视环境"的企业形象，对内让每个员工都掌握"环境常识"是企业构建组织时要面对的课题。

从这一阶段起，与政府密切交流，构筑合作关系将变得尤为重要。在该阶段积极行动，获得顾客信赖，让员工自发工作，取得政府许可，在各种局面中都可能创造出产生卓越竞争力的机会。

在"战略执行阶段"，目标必须是让费用的效果最大化。首先就是弄清新环境政策会造成的影响，接着将 R&D、工程学、生产、销售、售后服务等构成业务系统的要素的成本控制在最低限度，讨论出能最大化其效果的方式。并且不要仅凭本公司的力量来解决问题，要与竞争对手或者顾客和承包商合作，谋求最好的方法。

最后在"施政管理阶段"，为了环境评估，组织与系统的构筑方式成为关键所在。

在组织上，许多企业选择组建"地球环境室"这样的专业团队，但这也是一把双刃剑。如果认为将环境问题交给专业人员就万事大吉，那恐怕只会得到反效果。企业的每个员工都要有环境的基本常识，这是非常重要的，专业人员不过是变革促进者而已。

与此同时，为了活化企业内外的交流，这些专业人员还需要具备作为交流网络联结者的功能。

此外，和所有战略一样，环境战略中的信息也极其重要，所以构建能实时传递准确信息的情报系统也是必不可少的。

管理层的领导力

经营者以往大多不喜欢从政治角度去看待环境问题，在面对规则管制的阶段也觉得太麻烦，往往应对速度较慢。

但进入无边界时代后，地球范围内的环境问题已经成为焦点，经营者也必须更为积极地应对环境问题。

因此弄清各种环境问题现在处于什么阶段，今后该怎么做，并对此采取灵活而积极的对策非常重要。

如今环境战略已经成为企业战略中的头等大事。但当遇到环境问题时，往往只见到成本付出，效果却并不显著。生命周期战略很多时候要花费 10 年以上的时间才能结束。

所以环境战略比其他企业战略更需要领导者的理念与责任感。要抓住机会实施环境战略，只有领导者具备领导力才有可能实现。

名和高司

原题 "The Environmental Challenge"

"Guests in Our Own Home—Thoughts on Environmental Management"

作者 Pieter Winsemius（阿姆斯特丹事务所主管）

第十六章

诞生经营革命的 "新 SIS"

一、解说——诞生经营革命的"新 SIS"

SIS 不是"魔法的玉匣"

日本的电脑系统如今正迎来过渡期。技术的革新让处理速度提高，且随着信息量的增加，产品价格却在日益降低。另一方面，系统从集中型转为分散型，但其基本的思维方式还是维持了从现场收集信息，最终结合到经营信息系统和会计系统上这种阶层性的系统方式。

对于系统的长期性扩张，以及应对变质的需求进行的结构上的基本思维都比较薄弱，几乎都停留在更多、更快的单纯想法上。由于将能够计划处理的业务全部导入电脑，系统成为企业的借口，使企业事务变成了非常复杂的东西。

此外，同一家公司内往往也出现了能使用电脑的团体和不会使用电脑的团体这种两极分化。但反过来就会发现，企业中最没有效率的部门恰恰是营业和服务等难以导入电脑的部门。

并且电脑制造商现在也致力于"Do More Better"——也就是更好、更快地开发。而只要有更大型更高性能的电脑推出市场，用户方也会立刻更换，以求提高工厂的生产效率，追求更高效。但仅从更快、更好这个意义上来看，电脑恐怕很快也要到达其极限了。

那么在业务需要频繁使用电脑的时候，应该怎么用它呢？比如最近引起关注的 SIS（战略信息系统）和银行的第三次在线系统都尝试在用户接口方面发掘新的需求。

这里用汽车销售为例来介绍 SIS 的实际形态。首先，电脑打印出想购买新车的顾客资料，推销员则以此为基础拜访客户，但大多都会连续遭到拒绝。这样一来，该推销员可能会厌恶 SIS，认为按照以往自己的习惯和直觉反而更有成效，从此再也不会信任电脑了。

SIS 的另一个缺点是容易让信息接收者感到厌倦。过多的信息被反馈回来，而大多数人都只想看事实，结果就会导致单纯的信息错误。某个企业曾发生过这样的事，当该公司出现缺陷产品时，对其原因进行分析后发现该过程中显示缺陷的数据其实全都在制造阶段就由电脑打印出了资料。然而由于导出的数据量过于庞大，显示缺陷的数据文件也就无人关心地丢在了仓库里。

为了今后不再犯这种愚蠢的错误，必须不能再让人去配合电脑，而是要电脑系统无限符合普通人的愿望或行动。比如和组织与行业评价制度没有联动的电脑根本不需要导入组织内部。而以往的 EDP 部门和电脑公司之所以会出现瓶颈，也是因为与这些事业的根本所相关的"软件"，以及上层部门的问题没有得到及时解决。

SIS 在日本获得成功的极少数范例之一是 7-11 Japan。其原因是铃木敏文总经理认为电脑只是阐述事实的工具，不能给予任何经营上的建议。

当电脑将事实搜集打印出来后，如果没有能对此事实进行判断和利用的人才，那么 SIS 不过是个"空藏美玉"罢了。但由于电脑能自动找出潜在客户，所以不少企业都认为任何销售员都应该凭借这一优势得到一定成果。而当真的有所成果后，他们又会认定电脑果然能提高销售额，于是为了进一步增加销售额，又更大力度地对电脑进行投资，最终却并没有得到想要的结果。

换句话说，SIS 的最大问题在于企业大多不将其当作学习工具来使用，而直接将其看作是导出结论的道具。

SIS 并不是"空藏美玉"。它作为一个道具其实与以往的工具并没有什么不同，只不过替换成纯机器而已。要发挥电脑的潜能，就要明白它不过是个告知你事实的机器，并且要将它作为"反应板"使用，也就是让人们了解它所搜集的知识，将其作为一个反馈性的机械来使用。

因此最优秀的销售员必须具备的能力是代替百忙之中的本部长做出最佳判断，并了解该行业的最合适的行动。这也是对使用者的进取心的反映，让每个人发挥自己的能力。

其中最典型例子就是飞行员训练时所使用的模拟装置。虽然该机器本身非常昂贵，但与现实事故的损害金额相比就微乎其微了。通过对各种模拟装置的使用，即使不实际飞行也能对 80% 左右的情况做反复的体验和学习。

将影像和声音制成数据库

从实际问题来看，这种系统常用于销售、生产或设计现场，但今后还将面对更多挑战。从传统的主机转为电脑，虽然处理能力提高了，但并不一定会带来业务改善。另外，仅靠专业系统或 AI（人工智能）也不够。IT/S 要成为业界的 best practice（最优方式），那么使用者本身也必须具备专家等级的开发能力。

根据我以往作为咨询顾问的经验来看，电脑发挥作用最小的"暗黑大陆"部门是企划、总务、人事等总公司管理部门和营业部门。此外，看似已经电脑化的购买部门除了订货发货之外的业务，比如制作成本表或外包指导部分也几乎与电脑无关。

善于进行外包交涉的人能在交涉过程中降低约两成的成本；相反，不善于交涉的人则不仅不能降低成本，还有可能导致价格提升。而这种个人能力的不同是否能消除，则要看今后作为工具的 IT/S 是否能有效发挥作用。

以前的电脑被理解为人机联系装置，但今后的电脑则将无限接近人际连接。作为机器，却像人与人的联系，若非如此的话，以往的"暗黑大陆"将无法攻克。

因此企业不能再像以前一样只利用数字和文字，更要全面使用影像和声音。即使无法立刻利用影像和声音，也应当加入图解等要素，否则很难实现电脑功能的推广。

以往的数据只有数字和文字，最多也不过加上图表。并且要让数据配合电脑的话，从现在的结构思维来看，就必须在更新系统时重写或丢弃旧数据，从而造成庞大的浪费。

最近，数据库这个词经常被提及，但我认为这应该被称作"信息库"。今后外部的情报源也许会加入声音、图案和照片、音乐等，像CNN的新闻一样永久保存。重点是要从以往数据库只用于业务处理的思维中解放出来，利用多媒体更贴近人们生活，并扩大其反馈作用。

从实际情况来看，日本和美国都处于同样状态，对于电脑80%都作为文字处理器使用。虽然称之为工作站，但大部分情况下企业只使用了一部分，甚至很多员工对于键盘都还不熟悉。

但今后也许键盘会不复存在，采用手写输入或语音输入，鼠标和操纵杆可能会成为核心部件，菜单方式也可能会更进一步。

我认为今后10年间，电脑会更为人性化，但这也是有条件的。该系统的良好功能需要优秀的使用者也付出对应的代价，比如固定薪水减少、薪资受能力评价的影响变大，甚至会导致积极使用该"反应板"的兴趣减少。

例如设计部门，现在只是制作设计图，订购零件让采购部购买。但如果设计部门有了给予必要零件调配权限的系统，那么设计部门就能直接订购零件，不需要像以往一样经由采购部门了。但这要求设计部门承担成本责任并负责进行购买交涉，而交涉技巧则需要作为采购部门心血结晶的系统帮助。

更进一步的话，设计部门可以直接与订购零件的设计者交流，利用电脑接触他们的优秀想法。甚至今后了解产品的顾客还能直接给工厂打电话，只要电脑能识别信用卡号码或本人的声音，就能付款，随后产品将由工厂直接寄送给顾客。换言之，新的 IT/S 将成为事业重组的核心。

将用户作为新构想的源泉

电脑所拥有的能力能开辟新的可能性，同时也迫使传统的组织运营思维方式必须随之改变。电脑的使用带来的这种经营上的转变在麦肯锡公司被称作 IT/S。后述论文会对其进行详细介绍，只要企业有勇气将组织运营体系改变为 IT/S，那么很可能在战略上实现极为重要的功能。

今后电脑所面临的最大课题是如何缩小个人能力的差距。这在专业服务产业（设计、咨询顾问、律师等）尤为显著。企业内部个人能力的差距将会越来越大，但薪水却没有太大改变，这就产生了巨大的浪费。如何让其他人的能力尽可能地接近优秀员工的水准，将是给我们的挑战。而这一课题可以通过电脑来解决。电脑并不是用来创造理想型，而是使用它来尽可能地接近现实中的最佳情况，缩小个人能力的个体差距。

这种新的多媒体系统市场是在传统的电脑业务的发展出现瓶颈时

找到的新飞跃。据麦肯锡公司推算，今后 10 年间将会产生 6000 亿到 7000 亿日元的市场。

这种 IT/S 绝不可能从已有电脑制造商的思维中诞生，这是从想了解经营者在进行什么改革或者想知道新技术的界限究竟在哪儿的用户群中诞生的。电脑制造商应对缓慢，但用户已经先行一步，教会了制造商究竟该怎么做。

比如过去对系统进行优化的有执业会计师事务所，也有德克萨斯州的新加入的 EDS 等，但决不是电脑制造商。

最后列举一下日本企业容易陷入的误区。简单来说，就是大多数企业可能会被制造商煽动，在出现新机种时就对其进行巨额投资。由于是初次销售，购买方在缔结合同后还得考虑使用方法。而机种是最先进的，系统却并不一定，一旦无法应对未来发展性和实现品质转换，那就可能陷入最坏的情况。

那么这就完全本末倒置了。就像建筑大楼时必须在建造之前进行设计一样，要建造优秀的大楼，即使是大型建筑公司也需要建造师，所以新的 IT/S 也需要对应的设计者。

后述论文的作者 John Hagel 是本公司纽约事务所（最近调派到圣荷西事务所）的顾问，他也是常年负责通信和电脑方面的专家。

大前研一

二、摘译——获取竞争优势的"情报系统战略"

情报才是第一经营资源

"情报系统的战略性使用"——这句话已经被提及很久了，但实际的运用状态怎样呢？在各种华丽的发迹史中，一飞冲天的例子绝不少见。

在麦肯锡公司，与情报系统（以下简称系统）相关的顾问也在逐年增加，但问题在于即使进行巨额投资往往也难以成功的案例多得惊人。

在系统开发结束的阶段，改善是非常困难的。而最初阶段对核心进行的少量投资却与之后数十亿甚至数百亿的投资成功紧密相关。

本文汇集了无数咨询顾问的经验，将用具体事例对新框架下的"体系结构"的思维及其有效性进行介绍。

系统能获取竞争优势，而要保持这种优势，需要弄清的理念是"究竟想做什么"或"想改变什么"。

该理念中，"事业战略""业务－组织""系统"这三个问题是绝不能遗漏的。

事业战略的问题——应该推进的新战略是什么？

业务－组织的问题——要实现战略，必须进行怎样的业务－组织变革？

系统的问题——系统要如何支持战略或业务－组织的变革？

这三点欠缺任何一个视角都会对系统的战略性使用造成障碍，但该理念的三个问题却不会在某一天突然明确，它是从事业战略的包含性和综合性战略中，在到达具体系统开发的过程中逐步完成的。

而这一过程整体就是系统战略。换句话说，就是接受事业战略，导出针对系统的设计、开发、运用的前提条件。

那么具体内容是什么呢？图 16-1 就是我们所考虑的系统战略方式。该过程的特征是以情报为中心，保持事业战略、业务－组织、系统这三个问题的平衡，也就是等距离处理。

"情报是在人力、物力、资金之后的第四个经营资源。"这句话在提及系统的必要性时经常出现。而更进一步认为"情报才是第一资源"的话，就能用情报、数据的动向来概括企业活动的整体。

以情报为中心的首要意义是能得到跳出组织框架，总览全公司的视角。大多数企业中，各业务、各产品的系统都没有整体观念，各自分别制作。其结果导致数据缺乏整体性，难以共享，只能成为系统的拼接碎片。

因此，要从整个公司的视角来整理情报，整顿管理体制，并以此为基础重组或整合系统。

企业战
略立案 → 系统战
略立案 → 系统
设计 → 系统
开发 → 系统
运用管理

数据中心

制作蓝本

| 表明事业 系统的主旨 | 情报与功能 的要件定义 | 情报系 统结构 | 科技系 统结构 | 送货系 统结构 | 效果分析 | 执行计划 |
| 系统环境 的现状评价 | | | | | | |

● 现在的系统化状况

● 专业的情报、功能需求

●● 数据数据流构造

●● 硬件、软件 通信网络

●● 工具、套装软件 组织、经验、外部要员

●● 效果费用

●● 更换计划 开发安排

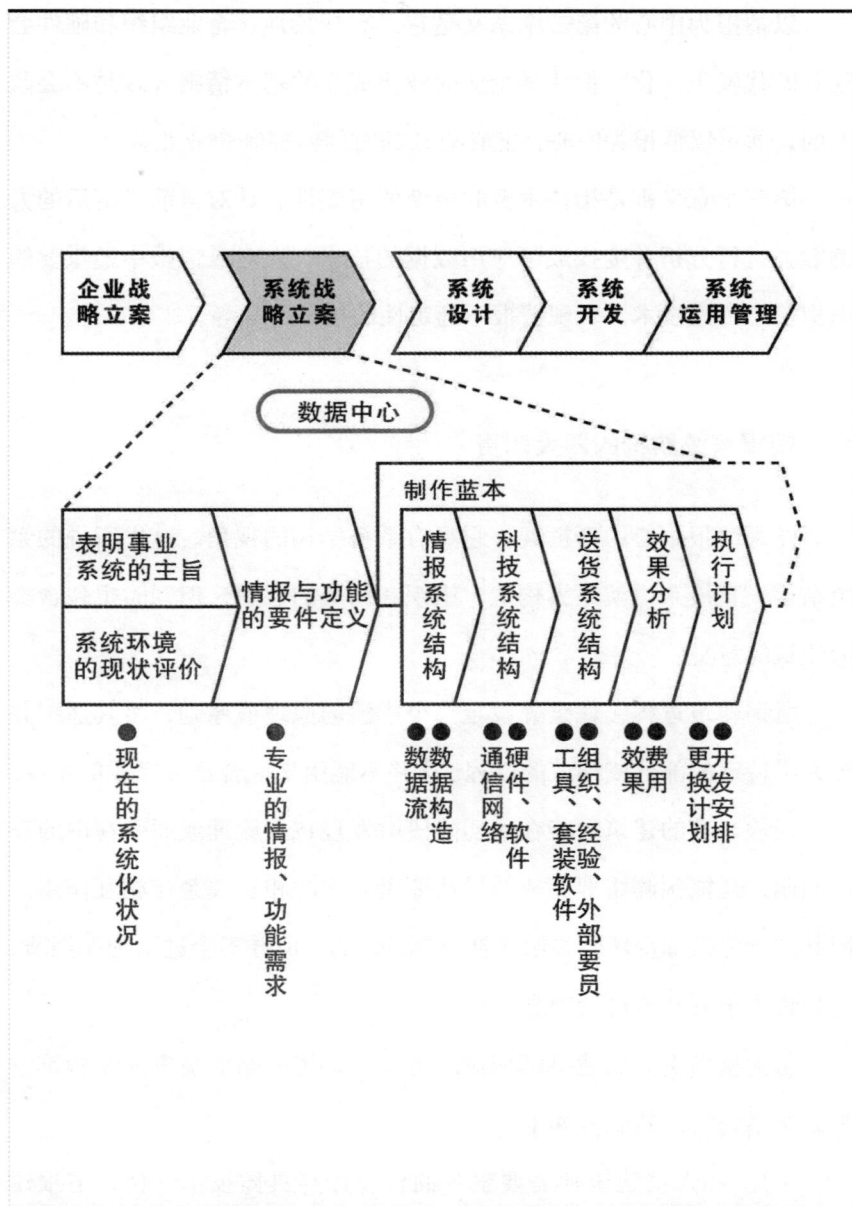

图 16-1 信息战略系统的模式

以情报为中心的第二个意义是它具有持续性。企业组织和硬件会随着时代发生变化，但让某企业的业务成立的基本情报大致是不会改变的。通过以情报为中心，能在更长的时间内控制企业业务。

第三个意义则是指技术及时更新的可能性。针对目前最落后的人的能力进行分析并变换成可应用数据的技术、人对人情报中最重要的虚拟信息传递技术、表现情报不确定性的技术，等等。

情报系统结构的四大职责

作为情报中心的新框架，它具有系统结构的视角。这里所说的系统结构，直接来讲就是指构造、组织和构成的意思，但同时也包含类似建筑的意义。

所谓建筑过程，就是先设定一个广泛的原理或原则，将其适用并扩大于特定的部分或细节的过程。这并不能用来配合已经完成的零件。

经验丰富的建筑师能在最初阶段就发现包含原理或原则在内的设计问题，还能预测将要完成的设计要素之间的相互关系与相互作用。因此这种建筑师虽然会在脑中注意制约条件，但并不会过于拘泥细节，而是集中于展开自己的理念。

与大楼负责人的建筑师相对应的是，系统战略的负责人在构筑情报结构系统时，其职责如下。

（1）和大楼建筑师需要整合抽象设计与具体技术一样，情报建筑师也要将概念性的东西整合为确定性东西。在系统蓝图和规格受到制约之前，需要通过各种概念性的草图来尝试各种解决方案。

（2）大楼建筑师要从城市的角度来考虑建筑物，而情报建筑师也要站在更广阔的角度去考虑系统。这时有可能暂时不考虑组织性的计划或整合，但就像是世贸中心和纽约的关系一样，情报建筑师要在任何时候都要了解每个硬件与和它相关的大型网络或模式。

（3）大楼建筑师往往也是理念设计师，而情报建筑师也要注重系统的主题与基本方针。这样才能不拘泥于细节，创造出对业务的最大价值。

（4）大楼建筑师认为建筑物是使用者生活的一部分。同样，情报建筑师也认为系统是能给业务带来价值的人、技术以及该程的一部分。

总之，情报建筑师在系统偏重于技术的倾向中，对于引导重视附加价值具有重要的责任。

建筑师式系统运用的效果

在系统中适用建筑师式的"看法"，并不是毫无根据的类比，因为建筑师思维中包括很多其他领域少见的基本思维。我们来举例说明。

（1）先重点来看系统的构成要素与商业的构成要素之间的相互关系、相互作用。

以医疗产业的大型企业为例。它常年都在收集住院、处方、各种检查和诊断方式、患者病情、所需费用等数据。

但其目的不过是方便各部门记录与支付。而重新调查这些情报之间的相互关系的新想法则促成了数据的整合。

数据整合的结果让所诊断内容展现了医生的资质、经费以及效率。这不仅能让医院通过对价格与经费的管理来提高收益，同时还有效地反馈了医生的实际成果。

（2）不要拘泥于系统的所有细节，只要找出企业活动的要点并集中处理。

以石油加工业为例，在控制系统自动化之前，温度和工程的时机都是由积累了长年经验的加工操作员的眼睛来做出判断。这能决定产品品质的重要技能可谓是整个产业最关键的要点。

因为这技能不仅能左右收益，还会对管道、储存设施等其他资产的有效利用也会产生很大影响。

因此对于操作员来说，如何正确掌控原材料的变化是他们需要一直关心的事。如果能弄清原因，将系统利用的焦点放在这个要点上，就能实现事业的巨大飞跃。

（3）先不考虑系统的具体理论，首先思考企业所负责的情报体系，想出更有效的业务需求。

以快餐食品制造商为例。某企业为业绩提升而烦恼之际，主管们纷纷提供产生新价值的对策，最后得出的结论是如果本公司的销售负责人（兼配送司机）们能得到详细的销售和库存数据，那么就能对此进行分析，了解哪些零售店顾客较多，店铺方也能知道该进哪种商品，订购多少数量，从而减少风险。

实现这个提议需要手持电脑的网络，但在可使用该技术之前几年，它就已经被决定实施了。当然，在实现过程中遇到了各种技术上的问题，但由于主管们认为重点在于必要的情报而非技术，所以在实现该提议上就比其他公司更快一步。

系统战略成功的秘诀

系统的结构能通过三次元，也就是情报、科技、商品配送的过程来形成更为明确的框架。并且能通过分别思考这些部分来组建符合其特点的结构。

（1）情报系统结构由情报流通、情报处理、储存手段、整合路径，以及支持业务所必需的数据等概念性蓝图构成，其有效性包括两大原因。一是由于连接了业务与系统，能从技术发展的角度提供商业机会。二是因为情报流量只能做概念性的表现，所以能从实际状况和可能性这两方面来进行应对。

（2）科技系统结构是指电子工程学情报处理以及作为业务资源的电脑、周边机器、软件、数据库、通信机器等相关的东西。这里所说的系统结构则是指能给业务带来价值的软件和硬件的逻辑性顺序与排列。此外，这里的问题不在于科技的特点，而在于如何实现整合与组织化，通过相互关系能得到多大范围的功能。

（3）送货系统结构是开发、支持、操作和管理科技系统结构的人群所构成的企业组织。系统的开发与设计者、技术人员、程序员、分析人员等有关。如果是购买其他公司应用软件的话，则与软件评估小组和评估手法、能力有关。它的关键在于要提高业务与系统整体的最大效果，就必须谋求个人能力最适化配置。

正如之前所说，系统结构的创意与视角能给系统战略提供非常有效的框架。原本根据人与物来进行重点整理的传统企业模式也有了新的可能性。通过情报系统结构来进行整理的企业模式能自然地整合事业战略、业务－组织、系统这三大问题，从而将系统战略导向成功。

青木淳

原题 "The Role of Architecture in Information Technology"

作者 John Hagel（圣荷西事务所负责人）

Gregory J.Prang（纽约事务所情报科技顾问）

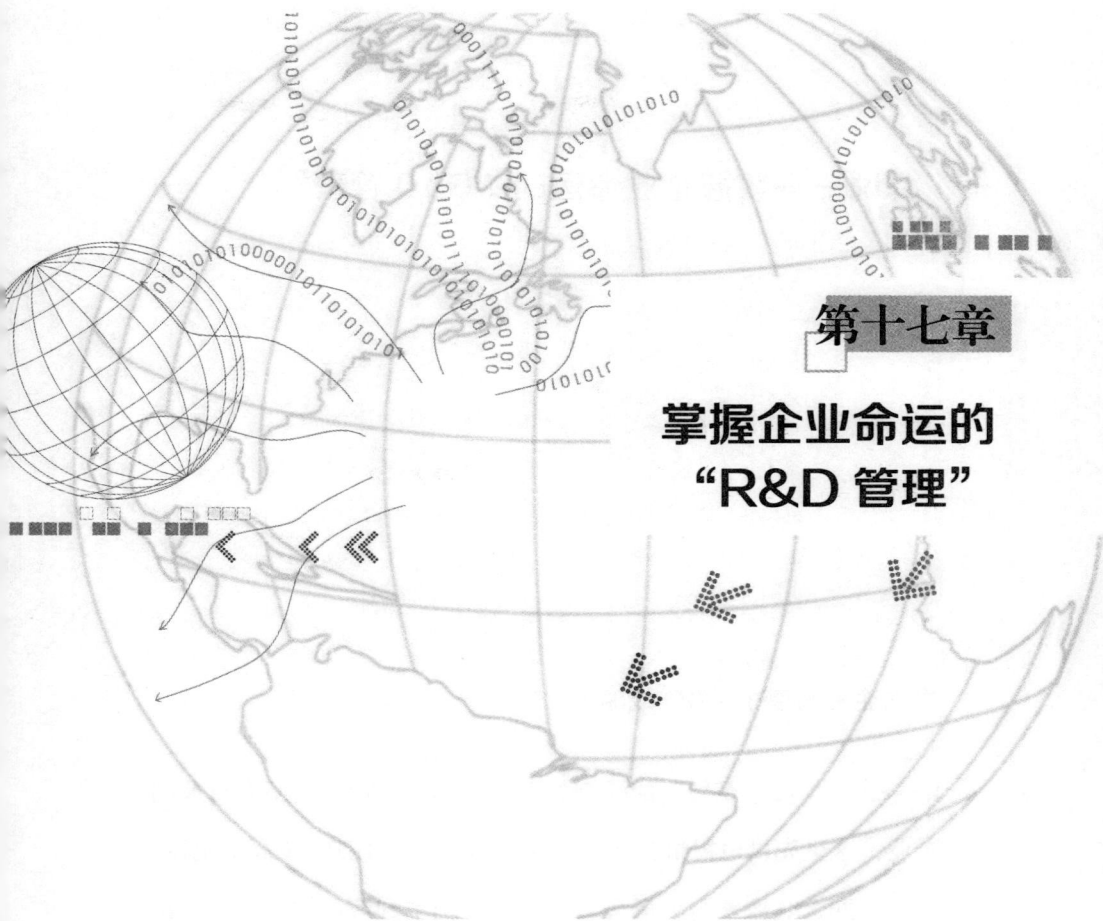

第十七章

掌握企业命运的
"R&D 管理"

一、解说——掌握企业命运的"R&D 管理"

左右企业盛衰的 R&D 战略

Innovation（技术革新）的浪潮如今仍在影响全世界的所有行业门类和企业，这里先以电视机为例。电视机将来会以 HDTV（高清电视）为主流。要配合其像素与大屏幕，电视台从剧本到演员的制作方法都不得不发生改变。而且由于传统的录像带将失去作用，还不得不开发新的软件。

因此如果全世界范围内的规格不能统一的话，成本将难以负担，但软件的规格统一又成为问题。此外，让硬件机器的开发与软件联动，以此制造出观看电视时的临场感等，从而实现产品的差别化也非常重要。

电视革新的中心是好莱坞，为了确保创型的人才，掌握从摄影棚

到软件的所有要素，日本松下电器和索尼等家电制造商、荷兰的综合
电机制造商飞利浦、德国大型出版公司 Bartelsman、澳大利亚媒体之
王 Rupert Murdoch 都纷纷开始了收购战。

在日本的药品行业，R&D（研究开发）也成为紧急课题。日本制
药公司以往只要有一家企业的产品获得成功，其他企业往往会紧跟着
推出类似药品。此外还通过大量销售抗生素或效果不确定的免疫型药
丸获得巨大利益。但这种做法是不通用于全世界的。如果不认真进行
产品开发，一旦开放市场，日本制药公司将会被淘汰。

同时，仓库制度和多数利用固有人海战术进行销售的系统也是技
术革新的对象。此外，开发人员在 2000 人以上的制药公司在日本就
有 10 家以上，这种过于松散的体制也是今后不能容许的。

即使在美国，当实施自由化经济时，制药公司也会缩减为仅存的
几家优秀企业。日本也将走上同样激烈的淘汰之路。今后是否削减以
往那种庞大的开发固定费用和销售固定费用，成为制药公司面对的课
题。不能攻克这一难题的企业很可能沦为国际收购的对象。

无论任何行业，企业战略和 R&D 战略都已经成为同义词。这方
面选择失误的话，企业甚至会走向衰退。因此这不仅仅是 R&D 负责
人要面对的问题，更是高层管理者必须直接插手的领域。

那么该如何应对新的领域呢？如果将其作为企业的中长期战略，
就必须大幅改变以往的做法。该中长期战略的核心就是 R&D，并且
这里所说的 R&D 并不是指传统概念中的技术，而是与事业手段相关
的开发。

　　如果整个企业都要创建新的企业文化，那么就需要变更企业组织，花费3到10年的时间，掌握让竞争对手望尘莫及的实力。这样一来，即使其他公司想追赶，也会因为企业组织、交易关系甚至企业形象的确立而不可能实现。因此，认识到察觉、发掘和达成用户需求都需要技术能力是非常关键的。

　　所以从另一个角度来说，以R&D为轴心的经营革新是今后需要花费5到10年时间的工作，并且与整个公司的大变动息息相关。这一作业的根本是用户需求，且需要极其稳固的技术实力，其背后是新的技术革命。

　　技术革新是在第二次世界大战后多次发生的现象，但这次的特点是与基础技术相关。包括光通信、半导体、液晶、多媒体在内的工作站软件等都能促进事业战略的革新。

　　同时，技术革新正在世界范围内扩展。因此企业的销售方法，以及以往经由代理店将产品交给顾客的销售渠道都将失去功效。此外，与外包或外部订货等业务的关系也必须进行大幅变更。而设计、制造、销售等按功能分类的企业组织所构成的业务系统也将不再适应新的时代了。

　　以钢琴为例，从CLAVINOVA系列来看，显然已经从模拟信号技术转向了数字技术。将其与MIDI终端相连的话，利用通信回路来进行演奏处理也成为可能。这样一来，AV机器制造商和通信或电脑制造商之间的合纵连横就很有必要了，于是与企业站在通用基础上的R&D也是必需的。当要求空调成为家庭装修一部分的呼声越来越高时，也就需要家电商店以外的销售渠道了。即使是厕所马桶，随着最近带电子线路的厕所逐渐普及，非电力业者也难以进行施工。像这样，技术革新会在所有行业和所有地方出现。

选出比总经理更年轻的、擅长技术的会长

R&D 成为经营的最重要课题。而最近以海外企业为中心，关于是否应该仿效 CEO，设置 CTO（Chief Technology Officer 首席技术官）的讨论十分引人关注。后述论文也是以此为论点。

但在会长等同于 CEO 的美国，这种职责划分并不明确。如果要将该建议用于日本，我提议明确分割总经理与会长的职责。

此时会长应该从科技意义上的长期性经营角度来积极考虑如何改善企业体制，以及企业组织的设计、人才录用、海外事业推广、与其他企业的合作等，而总经理则负责实施这些计划。

在日本，总经理要在商法方面担负极大的责任，所以 CEO 只能是总经理。因此企业组织上的 CTO 则被认为是副总经理等级。但这种组织上位于总经理之下的副总经理很难越过总经理来提出计划理念。

即使让副总经理担任 CTO，也必须获得总经理许可，最多不过是"重要技术负责人"罢了。我想强调的是当你思考今后 5 年或 10 年的科技意义时，认为现在的企业应该做什么：是企业组织的变更，还是人才的大幅更换？或是与下游的销售部门合纵连横？或是与上游的技术开发部门合作？或是进行全球化发展？

比较接近我理想的会长的例子是京瓷的稻盛和夫会长、SECOM的饭田亮会长、鹿岛的鹿岛昭一副会长等。这些企业都是由所有者总经理和年轻的会长组成，日常业务交由总经理，会长则只关注社会大潮流的变化。让已有企业组织运作，降低成本和提高收益都是总经理的工作；但洞悉未来，并拟定发展蓝图都是会长的工作。

此外，我所设想的担任 CTO 的新会长条件还包括必须亲临技术革新的现场。工作人员的数量必须控制，5 ～ 6 人就足够了。因为一旦工作人员的数量过多，会长就容易倾向于听下属报告，从而远离现场。

从这个意义上来说，总经理需要是个老手型的人才；而会长则需要更为年轻，了解技术，具有长远视野的人才。该会长可能擅长英语，对事物充满好奇心，并且常常反问自己这么做是否正确，时刻谋求推进视野发展。

理想的会长要前往世界各地参加会议和商品展览会，接受新事物的刺激，并且频繁与该领域一流人才会面。

而每天要做出决策，对每期的销售额与利益负有最终责任，忙于检视分店、代理店和礼俗的总经理则不可能前往 R&D 现场。只有出现比总经理更为年轻的会长，才是企业组织革新的证据之一。

经营领导者所需的主人意识

如今所有领域都在发生科技变革。据我所知，没有任何行业能避开这场变革。从这个意义上来说，所有行业都已经进入了十字路口，今后 10 年间科技变革将带来市场构造变化、市场开放及放松管制等，以真正的经营实力一较高下的时代将会来临。经营者此时只有两个选择，一是自己作为科技革新者走在前端，二是仰望先行者的背影尽力追赶。

如果企业的总经理任期只有 3 年的话，那么只考虑当前的问题也是作为上班族的人之常情。但考虑到公司今后的发展，那么就必须让具有 10 年、20 年职场经验的人担任会长，并将该领域交由他负责。

我并不是说上班族型的总经理有什么问题，但领导层如果都以上班族的视角来进行管理的话就有问题了。只有主人型的领导者才会真正有欲望进行技术革新。简单来说，即使是上班族型的总经理也不能只考虑自己任期，而是要有意识地认为这是自己的公司，一旦失败也会给自己的名声抹黑。

总经理在就任时有时会表示"延续前任者的路线……"，这固然是对推举自己的前任者的感谢之意，但根据我的经验，有这类发言的经营者往往在任期内都是无功无过的类型。

作为加强主人意识的手段之一，让总经理、会长的两人组合在 10 年内对企业更具有责任感还有另一种方法，那就是让公司业绩在某种程度上与薪水体系挂钩，退休金等也由在任时的业绩来决定。这样一来，管理层将更为关注科技发展。

总之，要将上班族型的总经理转变为主人型，在薪水体制上下功夫能得到很大的改善。日本的领导层虽然经常表示即使薪资微薄也会拼命工作，但问题是为"什么"工作的视野是否足够广阔。如果要上班族型总经理关注 5 年到 10 年后的业绩，显然就必须改变现有的薪酬制度。

R&D 管理能节省不必要的开支

科研所花费的金钱往往会超出想象。在日本，很多经营者认为只要舍得花钱就一定能得到不错的研究成果。但问题在于究竟该研究什么。只要决定了研究内容，由于基本都使用类似设备，只要不出意外，我认为结果基本都不会有太大差别。

现实中许多企业都会表示自己公司正在进行研究，但实际上往往仅仅是别人的追随者而已。不少企业什么都研究，却没有一个取得出类拔萃的成果。这种"我们有在研究"模式的 R&D 百害而无一利。

领导者要抛弃平均思维，确定明确的目标，有重点地进行研究。要区分应该具备超出其他企业实力的领域和与其他企业合作享受成果的领域。避免向错误的方向进行研究也是 R&D 管理的重要项目。

日本经营者的缺点是以 R&D 的名义花钱如流水的同时，却没有认真思考防止 R&D 浪费金钱的方法，也就是如何管理 R&D。他们虽然愿意为 R&D 管理支出费用建立实验大楼，但也只停留在表面。实际只要将总投资的 1% 用于改善 R&D 管理手法，就能节省研究浪费，浓缩研究内容，并且提高经营的统一性。

如果不对 R&D 的管理手法进行投资，只创建委员会的话，那么只会浪费开会时间，得不出任何结果，也无法做出决策。R&D 并不是决定了负责人就可以撒手不管的问题。

而将选择研究内容交由 R&D 负责人来决定更是错误的。因为负责人决定研究室能否存续，所以研究室的工作人员必然会花言巧语地表示自己的研究明天就能掀起革命，结果本末倒置，造成研究报告堆积如山，却得不到任何市场回应。

研究不能固定化。素材开发等极其基本的研究先不提，每隔一段时间就要清除一些持续几年的研究主题，重新组建对应内容和人才的 R&D。

这种 R&D 的"盘点"我认为最少 5 年就要进行一次，否则研究开发经费会无限膨胀，并且会同比造成研究经费无谓的浪费。半吊子的研究绝不会取得成功，所以经常回顾筛选也是 R&D 最重要的职责。

大前研一

二、摘译——R&D 的成败决定企业组织能否有效运营

将 R&D 交给专家负责的时代已经过去了。随着科技革新的推广速度加快及 R&D 的机会费用增大，以及技术脱节可能造成在一瞬间改变胜负，利用外部科技的重要性也日益增加……

对于高层管理者而言，提高研究开发的效果和效率是必须面对的重要课题。

图 17-1 所展示的就是为提高 R&D 效果而采取的经营上的管控。R&D 的手法没有唯一的正确答案，根据行业和企业所处立场的不同都要有所变化。

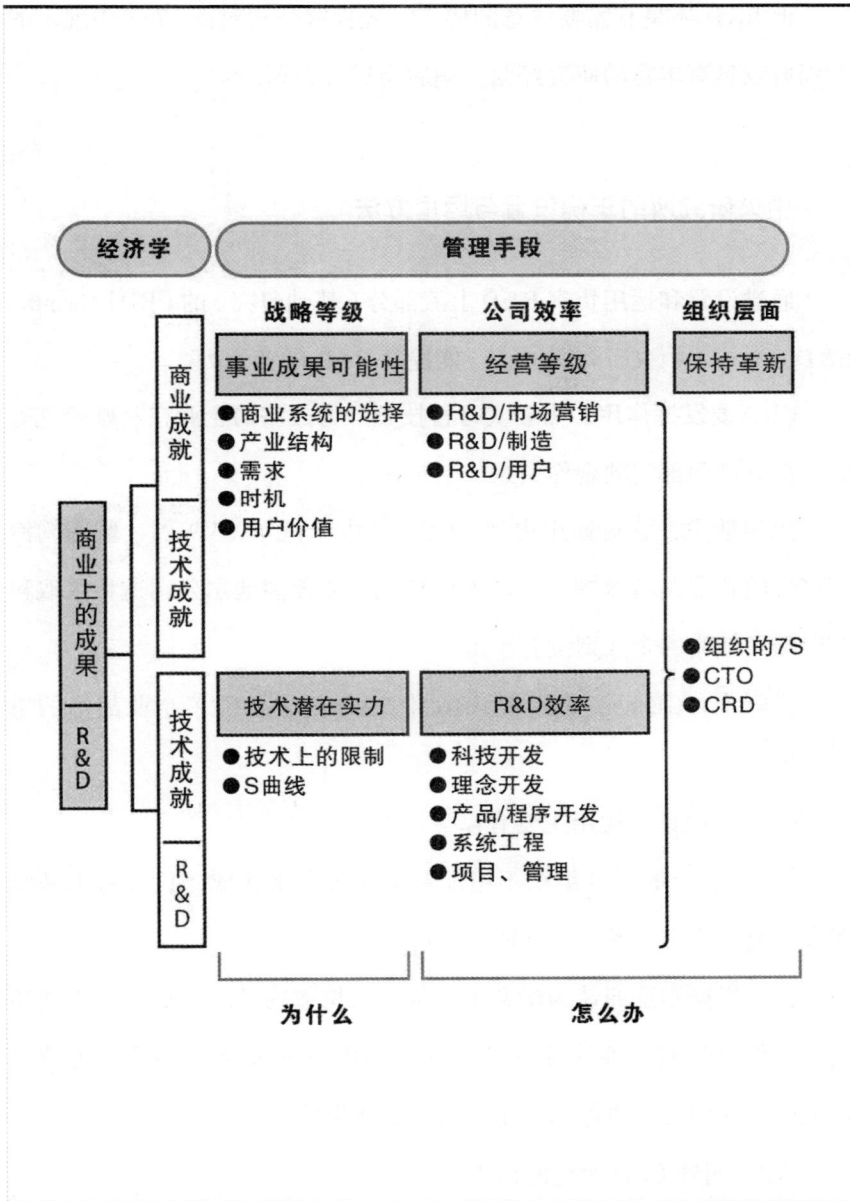

图 17-1 提高 R&D 效率、成果的管理手段

但 R&D 还是有需要注意的要点。麦肯锡公司对图 17-1 中展示的个别要点具有丰富的研究经验，稍后会进行介绍。

中央研究所的正确设置与运用方法

通过设置和运用负责 R&D 上流部分（基础研究）的 CRD［Ceentral R&D Center（中央研究所）］，能提高 R&D 的竞争力。

CRD 要发挥作用，需要实行科技领导力战略的企业在基础研究等级上拥有不同部门的合作关系。

换句话说，它对通用电气（GE）、大众汽车（VW）、戴姆勒汽车这样的企业是有效的，但对菲亚特汽车或美国迪尔公司这种采取科技跟随者战略的企业则没有作用。

实际上，GE 已经将发挥 CRD 中 R&D 的协作作了企业战略的重要一环。

CRD 的设计、运用主要有以下几点。

（1）CRD 的内部组织不用配合事业部门来构成，只要考虑基础研究等级的研究主题相关和协作即可。

也有机械制造商认为配合事业部门来构成内部组织更便于管理和交流，但这种制造商往往难以发挥出 CRD 中最重要的使命，也就是在上层研究中发挥协作的效用，从而导致失败。

（2）明确 CRD 研究的焦点。

CRD 事业部门在刚进行上层研究开发时，效果是最大的。

施乐公司的帕罗奥多研究所在基础研究领域取得了令人惊叹的成果，却无法将其用于商业。这就是 CRD 研究过于上层化，导致脱离业务的典型例子。

相反，某石油公司却由于过于在意事业部门的意向，将精力用在改良已有技术的细节上，导致催化剂分解技术久久难以突破。这又是过于下层化而导致失败的例子。

（3）以寻求突破为目标。

虽然 CRD 目前的呼声很高，但在商业规模巨大却只能利用技术改善现状的领域，CRD 也往往力不能及。而 TRM 公司等企业却以30% 的改良项目为目标寻求突破，很好地解决了这一困境。

（4）CRD 中要保有 "事业部门就是顾客" 的意识。

AlliedSignal 公司和 GE 采用的制度是 "CRD 研究所需资金的一部分（比如 50%）由每个项目的事业部门提供，剩下的一定比例的资金则由总公司直接提供"，通过这种制度在 CRD 提高顾客意识。

在导入这种制度时，有的 CRD 方面以 "有损研究独立性" 的理由表示了强烈反对。以我们的经验来看，越是表示反对的研究所越倾向于进行学术性研究，往往难以让研究成果与商业挂钩。

（5）明确将 CRD 的成果转交给事业部门下层开发部的最根本责任在于 CRD。

CRD 的科学工作者不能认为 "事业部的人根本不能很好地利用我们的优秀开发"。CRD 必须要有将开发成果交由事业部使用的意识，否则到了下层开发阶段，事业部将面对很大的困难。

（6）将 CRD 的开发成果很好地转交给事业部的机制是需要花费工夫的。

因此可以追踪关注接受 CRD 开发成果后事业部投入使用的成功率，或者让 CRD 的一部分应用开发者也跟着该项目进入事业部。

CTO 面对的四大任务

之前介绍过，在高层管理者中设置 CTO 是个有效的企业管理手段。但 CTO 所对应的并不是首席科学家。从 R&D 代表人物的立场来看高层管理者的话，在 R&D 的制约下思考企业战略是无法在竞争中取胜的。

CTO 其实更接近于 CEO。他是需要在脑海中描绘出 5 ～ 10 年后的企业战略蓝图的人。在这个框架中，CTO 更像是参与每个 R&D 案件的战略家。

（1）全公司 R&D 组织的设计与改良。

之前所说的 CRD 与事业部的研究团队的职责分担问题在很大程度上是受设计与改良所左右。

Allied 公司与 Signal 公司合并时，通过 CTO 的力量成功地在合并前、合并时和合并后的阶段重组了 R&D 组织。此外，也有企业在企业并购之后并不是单纯地出售重复的研究机构，而是采用使其独立的创造性方式增加其价值。

（2）保证整个公司的研究开发处于健全状况。

要达成这一目标，就必须掌握 CRD、事业部门的 R&D 状况的现场状态。另外，商业团队也必须通过与事业部经理的频繁接触来了解 R&D 值得期待的部分是什么。

（3）企业并购和合作的候补技术动向分析。

企业并购与合作战略是企业战略中最重要的支柱，但过去所进行的 M&A70% 都以失败告终。候补企业的 R&D 是否符合本公司的企业战略；是否具有真正的 R&D 实力；是否会成为无法与商业挂钩的"黑洞"，对此做出分析和评价都是 CTO 的重要任务。

（4）尽快利用外部科技。

要仅凭自身企业开发出所有战略上必需的科技是不可能的，即使能够实现也要花费大量时间与金钱，最终只会导致企业在竞争中落后。TRW 公司所采取的战略就是将自身企业的 R&D 团队力量集中在企业内部广泛使用的几个骨干型部门，剩下的则积极利用外部科技。这一技巧也是确保该公司竞争力的源泉。

重视与其他部门的联系

R&D 的效率分为每个 R&D 付出的努力能获得多少技术上的成果，以及该技术上的成果能带来多少商业上的成果。后者需要 R&D 与其他各功能部门实现紧密联系。

但根据我们的调查，R&D 项目中仅有 15% 能与企业战略和市场营销战略良好接轨。而 40% 虽然大致方向正确，不过在细节部分无法与其他部门实现统一性，从而产生延迟、更改、追加费用等问题。

换句话说，R&D 团队的设计所带来的产品（或产品制造方法）如果在过程中与其他部门联系不够的话，后续资金将很高，会导致制作团队大幅更改设计或者考虑加入营销团队的意见却为时已晚等结果。

R&D 项目还有 45% 几乎完全不考虑战略统一性，导致与其他部门联系不佳所带来的问题频发。

要解决这一点，企业可能选择如下两种方法。一是在董事、中央研究所、开发负责人、市场营销负责干部之间设立类似委员会的官方交流场所。二是在实际的日常工作中让中坚层以下的员工构筑能够顺畅交流的机制。

R&D 项目日益复杂化且追求速度，仅靠部门管理级别的人来建立联系的前一种方法已经不太适应现在的状况了，必须在实际的日常工作中推广中坚层以下员工的交流。所以下面的方法更为有效。

（1）导入重视市场战略的 R&D 控制系统。要从 R&D 角度来观察与其他各功能部门的关系显然比较困难，而从市场战略角度来说，可采取接入（关联）、基质等手法（图 17-2）。基本的思维方式先以企业战略为候补目的，逻辑性地分为个别战略、行动计划。并关注其与 R&D 项目的关系，确认 R&D 的差距和方向性、平衡等。

（2）构筑能感知从开发的上层功能（R&D 与制造的一部分）到下层问题（品质问题、设计师的再调整等）的机制。对于产品概念则合理利用"制造可能性指数"和"产品、生命、成本预估"等手法。

（3）组成整合了产品开发与程序开发的开发小组，设置整合了系统工程师团队等功能部门的机构。后者能在开发初期的概念设计阶段积极活动，在开发后期则能以监控项目的形式来促进各功能部门之间的联系。

提高 R&D 部门的内部效率

要应对项目的复杂化，必须了解直线经理的能力是否足够，决定是否需要设置项目主管或项目系统工程师。

开发相关的直线经理每天都要负责解决问题，所以往往更关注产品性能和功能保证，以及确保与其他零件的互换性等，而不太重视产品成本、预算和期限优先权等。

所以在有一定复杂程度的项目中，设置一个负责关注期限、预算和进展状况的项目主管更有效果。

但也有导入了项目主管机制却仅仅止步于搜集概要报表而导致失败的例子。项目主管必须谨记"走动式管理"MBWA（Management By Walking Around）。

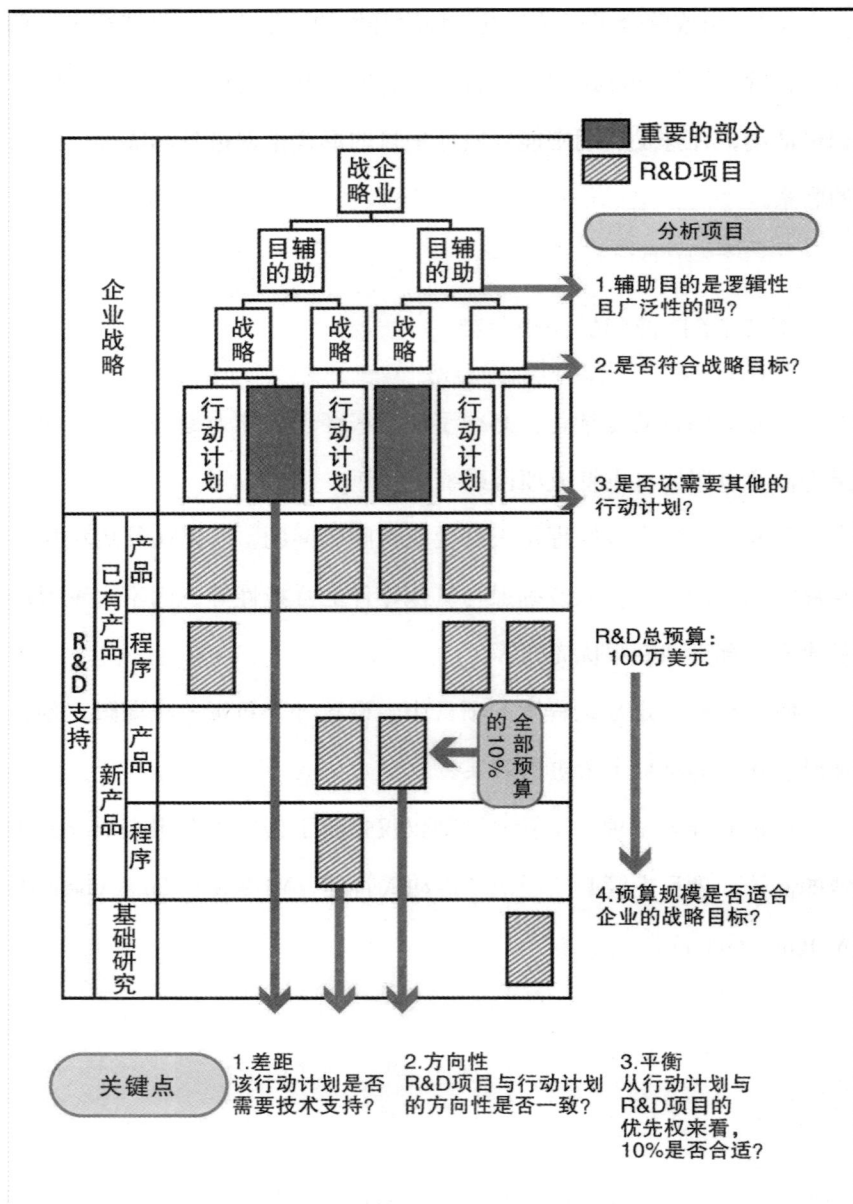

图 17-2　提高 R&D 效率、成果的战略要点

至于像电话的大型交换机开发等更为复杂的项目，加入项目系统工程师更为事半功倍。

比如"产品、生命、成本预估"这一手法能应对处理随着开发进度而导致总成本提高的问题。R&D 团队每四半期就对包括服务成本在内的产品总成本进行预估，并且根据监控，在早期制定对策。

根据 R&D 上层所确定的概念来保证性能规格，也是项目系统工程师的使命。

某办公器械制造商的开发工程师经常会发挥"创造性"，"通过少量变更大幅提高性能"，但这损害了零件的通用性，导致成本提高，并且获得的性能从产品线整体来看并不需要。其结果就是竞争对手仅以 2 ～ 3 种产品线来进行有效的战斗，该公司虽然有 5 种产品线，却因为成本高和同类相食（自身公司产品相互竞争）而败北。

这里所说的都是一些提高 R&D 功能的方法。管理者应该不仅仅依靠本公司经验，更要尽快吸收全世界的实验成果，努力提高 R&D 的效率。

小川政信

原题　"Integration and New Thinking:Making Product Development
　　　　　　　More Effective and Efficient"
　　　　"A New Misson for Corporate Thechnology"
　　　作者 Edward Krubasik（苏黎世事务所主管）
　　William W. Lewis（华盛顿 DC 事务所负责人）
　　Lawrence H. Linden（纽约事务所负责人）

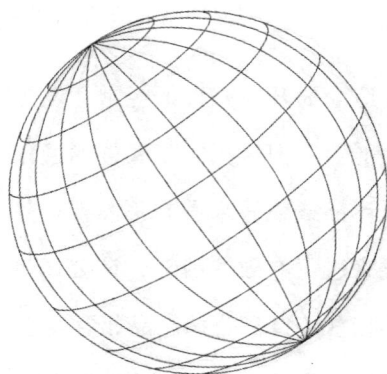

第十八章

行政成本削减六成
不再是梦

一、解说——行政成本削减六成不再是梦

民营化排斥"公务员"体质

最近，行政臃肿化的问题开始引人关注。我在 1989 年所写的《平成维新》中提到过，明治维新和"二战"结束后，紧接着就应该以政府改革为轴心进行社会改革。而这种想法至今也没有改变。在最后一章，我想重新讨论一下行政重组的问题。

原本发达国家的官方机构所负责的事业是市民最低生活保障，也就是国家立足于必须保证国民最低限度生活水平的思维之上。

而在民间资本匮乏，民间企业只从盈利目的出发，服务质量难以提高的发展中国家，从教育和社会保障到产业保护与监督都由国家负责的确更有效率。

然而从发展中国家进入发达国家阶段后就出现了问题。其中的典

型例子就是北欧诸国。国家采用了"从摇篮到墓地"的社会保障政策，希望利用高额税金人为地维持国民富足的生活。

这种修正社会主义式的理想看似是实现了，但表面上安定的生活却带来了产业衰退、国民劳动欲望降低、福利相关预算膨胀、服务质量降低等一系列状况。稍后将以丹麦为例进行详细介绍。

日本虽然进入了发达国家行列，但民间力量还很薄弱，国家在所有领域都提供行政服务，且并不打算放弃制定规则和进行监督的权限。因此就出现了国家究竟属于公共服务提供者还是产业监督指导者不明的状况。

发达国家通行的弊病是行政机构臃肿的同时功能低下，由此引发国民生活方面的不满。

要改正这一弊病，也有相应的方法。第一种手段是民营化。首先针对服务标准和安全性进行立案和监督，并遵守国家不提供实际服务的大原则。

日本人数最多的省厅是邮政省，它臃肿化的主要原因是来自邮政事业。其中详情在《平成维新》中有介绍，包括特定邮局在内，全国共有2.3万个邮局，共计28万员工，并且他们全部是国家公务员。这是因为国家经营服务业。

电话、煤气、铁道等其他公共服务几乎都已经民营化，残存的邮政事业就成了最大的国家事业。如今电话和传真已经成为通信的主要方式，从邮政事业的成本来计算的话，它其实已经算不上是一项事业了。

　　和航空运费一样，从日本送往美国的邮件费用即使去除日元升值影响，也依旧比美国寄往日本的邮件费用昂贵。而美国国土更广，覆盖全国的邮政事业应该效率更低才对，但实际答案却正相反。

　　当然，宪法所保障的通信隐私是必须保护的。但对于没有必要保护隐私的 DM（广告邮件）之类的信件，现在却是以同一系统配送。由于系统对于"使命"的构造变化过于迟钝，如今邮政已经成为极其高成本和高价格的通信手段。在人手不足的呼声日益高涨的当下日本，这种人力资源的浪费毫无意义。

　　邮政事业与其他国营事业一样由国家规划并发展事业，但由于是自己来验证其效果和效率，所以在评价和监督上十分宽松，难以摆脱公务员体质。如果能将邮政事业民营化，为占一半邮件的 DM 设立编辑、制作和共同配送的公司，也许就能将邮政事业的工作量缩减至现在的一半以下。

通过共有、集中化来降低成本

　　改善行政效率的第三种手段是导入和一般企业一样的降低成本概念。麦肯锡公司总结一般企业的降低成本方法包括 OVA（为增加竞争力而削减间接费用的方法）、PIP（为了从根本上改善收益而改变系统的方法）等（详见麦肯锡社刊《现代经营战略》）。可以将这些思维导入行政中，积极地降低成本。

　　在不降低服务质量的前提下削减成本的方法大致包括以下 5 种。

其通行点是听取用户意见，弄清该服务是否有意义，如果得出去掉该服务也不会降低质量的结论，那么就可以通过整顿服务来削减成本。

第一是降低服务频率。比如每周一次改为每月一次，每月一次改为每年一次等，这自然会降低行政成本。

第二是改变必要的认证流程。在规则、行政指导、许可等横行的日本，连设置一台自动贩卖机都要通过 700 份文件，认证手续十分繁杂。如果能将其缩减为 3 份文件并证明并不会对认证产生影响的话，类似手续都可以全面简化，而认证流程及其相关人员的简化必然能降低成本。

汽艇的驾驶证现在按乘用艇的吨数分为一级到四级，但这其实并没有什么意义，因为必要的驾驶技术没有不同。在美国，汽艇甚至不需要驾驶证。此外，澳大利亚不同州会根据当地水路情况来制定规则，并按此来实施许可，但驾驶证只有一个种类（并且通过电话预约的话，考试官会主动前往考生家中）。

而在日本，大型船只每年必须分解一次引擎。这是由于以前的引擎轴承容易磨损，所以必须进行检查，但现在的高速引擎如果拆解的话反而会有危险。此外，船舶的一级考试科目中还有使用六分仪的天文测量。这原本是属于哥伦布和麦哲伦时代的技能，而在拥有古野电器等享誉世界的数字雷达和卫星导航制造商的日本，这简直是令人惊讶的时空倒错。

建筑面积率也是没有意义的东西。所谓建筑面积率，应该是由安全性和经济性来决定的，而非由法律决定。由法律决定将导致极大的不公平。比如某普通住宅地的建筑面积率明年将提高30%，那么和去年或今年建造的相比，明年建造将得到高三成的价值。从日本当前围绕土地形成私有财产的经济原则来看，这实在是非常不公平。国家绝不应该任意介入这一方面。

第三是对于能够容忍服务质量降低的东西，可以降低其质量。比如将昂贵的纸张用便宜的替代，或者将一部分工作中人工费较高的人外包成人工费较便宜的人。只要能降低少许质量就能大额削减成本的话，就可以选择这种方法。

纸的消费量在公共消耗上显然是最多的。以电话号码表为例，由于电话号码表需要记录所有加入者，所有日本电话电报公司民营化之后必须每年更新，为此每年都要大规模破坏热带雨林。如果能全面废除放在家中都嫌麻烦的电话号码表，确实能降低成本。

第四是废除不必要不急需的服务，或者提高无法废除的东西的便利性。

其典型例子就是印鉴证明。我个人只有在购买高尔夫球场会员的时候才需要证明书。为了这张纸，我得支付手续费，在各机构等待很长时间，而这虽然属于国家管理，但遇到万一的时候，政府却不会给予任何补偿。像这种毫无益处只是例行公事的东西应该立刻废止。

像居留证等也有必要改为能通过传真或邮寄的方式送达。这就要求每个国民都拥有像美国的社会安全号码一样的东西，本人能通过电话进行确认。

第五是大到安全保障问题，小到户籍、居住证的管理等，各种与省厅有关的事业都要进行共享和集中。

日美安保对于"二战"后的日本而言能带来行政成本的削减效果。在东西方冷战终于结束的今天，亚洲也开始进行欧洲早已推进的防卫讨论，与近邻的友好国家分担和共享军备。

此外，由于信息技术发达，全国联网后，在搬家时提交的住所变更申请等也不用交给转居地的县市村，只要在全国任何一家办事处就能完成手续了。而户籍也不用特意从远距离的户籍所在地寄送，消除了很多不便。

像这样采用各种共享和集中的手法，就不用讨论是否需要引入外国劳动者，因为可以将不需要的人员转投入民间，也能帮助解决目前民间企业人手不足的问题。

通过第二次废藩置县让行政简化

像这样和民间企业一样推进民营化，将国有事业放在竞争状态下，导入业绩指标，模拟性地将国民视作股东，将后勤部门分为服务和成本两个概念，长期保持反馈和整改，明显就能大大提高行政效率，大幅削减国家预算。

但以往所实行的民营化——无论是日本铁路公司集团还是日本电话电报公司都离完全的民营化很遥远，连费用变动都处于邮政省的管控之下，还必须得到国会认可。那么是否可以设置10年的转换期限，以后能拥有完全自由化的系统？但这也是行不通的。这种半吊子的民营化不可能达成原本的目的。无论是日本铁路公司集团还是日本电话电报公司，不仅说不上民营化，甚至在企业经营方面受邮政省和运输省的监督更强了。

最后还必须提到的是削减国会议员人数。现在众议院、参议院的议员人数分别为 512 人和 252 人，共计 764 人，但我在《平成维新》中说过，国政只需要 100 人就足够了，如今也是如此。

然后日本应该通过 3 个阶层来管理。现在分为国、县、市、区、町这 5 个阶段的管理阶层应当缩减为国、地方、社会团体这 3 个阶层。而地方自治则分为 2 个阶层，有些人称之为道州制，我则称之为联邦制，这种系统首先要设置人口 1200 万人左右的区域，也就是道或者州，其下端再设置人口 5 万 ~ 10 万人的行政单位或社区团体。我将其称作第二次废藩置县（废县置道），并确信它能为削减行政成本带来极大效果。

我们经常接受世界性企业的经营顾问委托，如果日本株式会社委托我们做顾问咨询的话，我们可能会要求削减当前行政成本的 60%，并且提高对国民的服务水平。国家行政费用一年约 3,000 亿日元，其中 1,800 亿日元都是可以削减的，如果能得到 1% 作为成功报酬，那么显然我们会很乐意接受！

大前研一

二、摘译——"行政效率化"的三个选择

导入业绩评测制度，给予政府压力

行政效率化的第二个手段是 Performance Major，也就是导入业绩评价制度。现在国家在推行事业时，现在是由会计检察院确认预算是否正确执行。而执行预算是否与目的一致，是否为达成目的采用了真正低成本的事业发展方式，则由国民自己来确认，给予政府压力。

这时必须做的第一件事是明确制度的尺度。这个问题以道路公团为例。

日本共有日本道路公团、首都道路公团、阪神高速道路公团这三个公团，这本身就存在问题。由于这些公团以前几乎从未修改过建设基准，所以建设费用达到了极其庞大的金额。

仅就东京和大阪而言，以前在计算上高速道路的使用是必须免费

的，但公团至今仍不停止建设，只顾完成自我目的。另一方面，又对道路损毁部分的改善十分消极，并不将使用者的方便性纳入事业目的中。

要改正这一弊端，首先要在今后 5 年每年努力降低 15% 的单位建设成本。这对于制造商来说并不困难，对于公团也并不是做不到。

不用制定道路总长多少千米等目标，而是在预算阶段就针对建设费用或首都高速的相关费用，以及每千米所需工期等，制定 3 ~ 4 个标准并进行监视。

由于发行了高速公路卡，所以在高速道路的出入口销售门票的人也不需要了。在出口处计算费用当然也能自动化。

接着做使用者调查并公示结果。如果是制造商的话，在商品发售之后进行消费者调查是理所当然的事。而高速公路由于出口处有信号灯，或是某一个地方是分岔口等原因，发生拥堵的地方往往能够预判。

民间企业所制造的商品出现故障的话，监督官署会进行指导监督，但道路公团所建造的道路出现问题时，却从未听说建设省会出面进行指导。

调查这些不便于使用的地方并公布结果，表明会如何进行改善的对策。总之要学习民间企业根据调查结果来进行商品开发的经营手法。

此外，明确国民就是股东的意识也非常重要。如今的道路公团中，除总裁以下的干部职位几乎都被以建设省为首的官僚占据，因此根本不想改变经营"本位主义"。

首先要确认公社、公团的所有人是国民这个大前提。指导监督可以交由各省厅，但总裁等管理职位应该让国民投票进行公选。既然是道路公团，那么就要让拥有汽车驾驶证的人来选举。

剩下的课题是公共部门的结构调整

丹麦是人均 GDP 超过 1 万美元的富裕国家，但同时也是高福祉、高负担的国家。税务负担率和社会保障负担率加在一起的国民负担率，法国约 60%，英国、德国约 50%，日本约 40%，但丹麦和瑞典达到了 70% 以上。并且就业人口的 1/3 从事的是公共服务，所以公共部门的效率极大地影响了民间部门的活力。

20 世纪 90 年代的课题是公共部门的重组。迄今为止，公共部门都流行"事情留着明天再做也可以"的官僚思维，但随着 EC 一体化，欧洲各国的国营或公营企业也不得不面临竞争，而要在这场竞争中取胜，公共部门就必须站在受益者立场来为其提供有效率的服务。换言之，公共部门必须认识到国民需求是自己的使命，而这必须反映在服务质量与成本上。为此则需要导入竞争原理的新型管理模式。

本文讨论的是为实现公共服务的效率化而应当导入的商业模式。也就是将公共服务分类为是否处于竞争环境，并为其效率化提供对应的 3 种战略与具体方法。得到的效果是增加受益者利益，要改革公共部门的组织、意识、模式。

产生民营化好处的条件

公共部门与民间企业一样，能在不降低服务质量和前提下削减15% ~ 20% 的成本。此外还能同时推进手续的简化和职场活性化。

但无脑削减是没有效果的。政府应当制定明确的战略，以此为基础弄清应当进行重点投资的领域，确立优先顺序后再对国民所需求的服务提供合理成本。

公共部门的重组不仅能削减成本，还能通过确定竞争和设定战略目标来展现政府的新职责。

从古典的经济理论来说，只要能共享情报，就能通过竞争来增加供给并降低价格，有效利用资源，从而提高效率。现在公共服务的等级及其提供者都是由政府决定，但竞争一旦确立后，政府负责制定公共服务的最低标准，其他则由市场来决定。

此外，假如 5 年内削减了 10 万名人员，其中85% 都被民间部门吸收，那么公共部门要推进重组，尽快吸收剩余人员的话，首先就要设立较高的成长目标，设定国家的整体战略。

图 18-1 根据有无竞争和业务特性将公共服务进行了分类，但针对有无竞争，可以用三种战略来实现效率化。也就是将已经存在竞争的领域民营化，在可能会出现竞争的领域导入新的商业模式，对没有竞争意义的领域重新定义其新的职责。具体方法如图 18-2 所示。

有无竞争		
	存在竞争	可能出现竞争	不可能出现竞争/竞争无意义
规则、监督			●官署内局 ●独立委员会
提供的服务	●道路、建筑物修理 ●保护监督服务 ●安全服务	●教育 ●医疗、护理 ●公共交通机构 ●天气预报	●警察 ●防卫
基础设施准备	●航空公司 ●电话机 ●国营人寿保险公司	●电信电话服务	●煤气、电力、电话基础设施 ●水管 ●热供应

业务特性

图 18-1　公共服务的分类

有无竞争 ↓ 战略	存在竞争 ↓ 民营化	可能出现竞争 ↓ 新的商业模式	不可能出现竞争/竞争无意义 ↓ 新角色的定义
业务的特性 规则、监督			●新角色的定义 ●行政组织的合理化
业务的特性 服务的提供	●通过民间委托来提供 ●购买市场中的替代服务	●构筑市场导向型商业系统 ●从政治角度整理出现赤字的部门 ●进行彻底的损益管理	●新角色的定义 ●事业合理化
业务的特性 基础设施准备	●出售给民间部门	●构筑市场导向型商业系统 ●获得竞争优势 ●进行彻底的损益管理	●垄断性行业的限制 ●采用鼓励方式

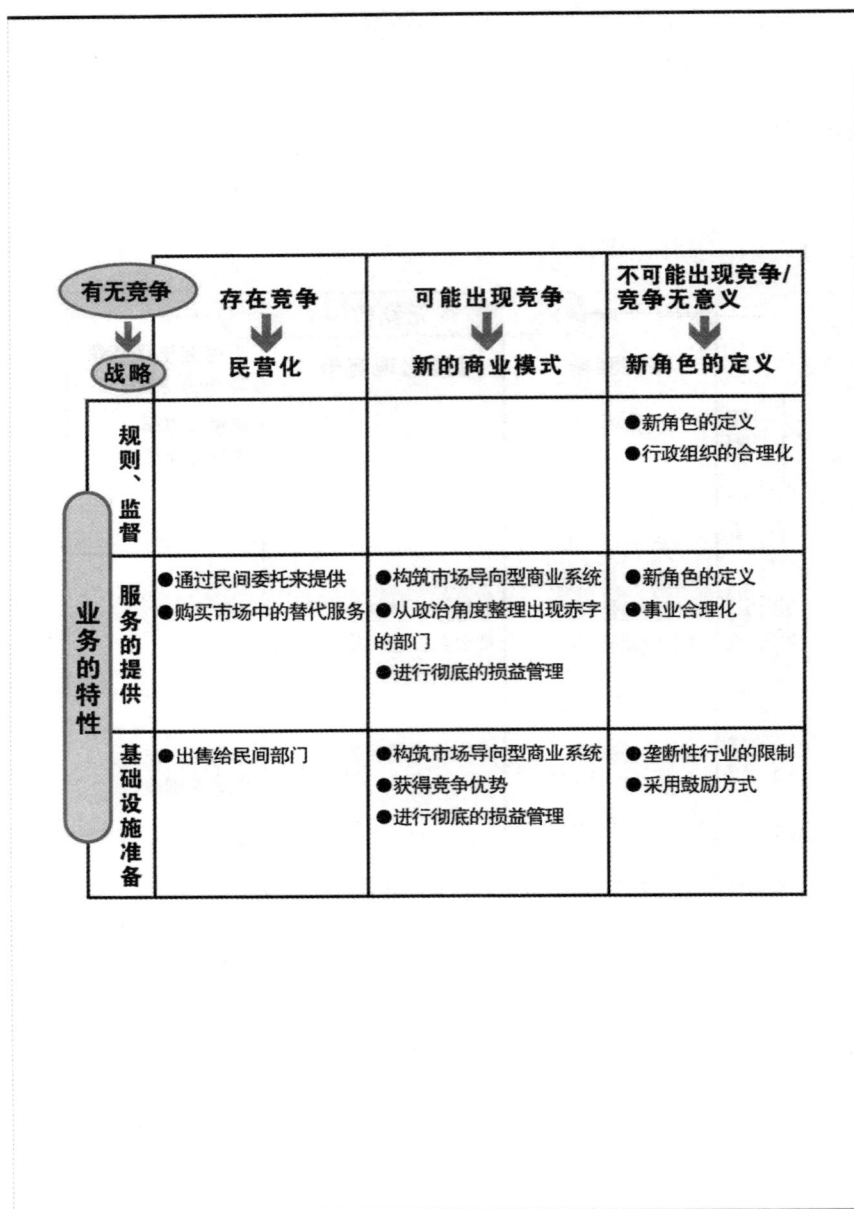

图 18-2　效率化的三大战略

第一个分类的民营化是因为必须通过竞争来获取收益。以英国为例，如果已经存在竞争，那么彻底民营化能提高效率，但如果有自然垄断，那么民营化也会困难重重，需要政府继续制定规则。在丹麦，国营人寿保险公司和斯堪的纳维亚航空虽然能直接出售，但其他国营企业较少，民营化所带来的成本削减效果较小。

反而是业务的民间委托的可能性更大。占政府支出25%的道路整修、安全、消防等志愿业务已经有市场存在，可以进行业务委托，这比政府自己去做更有效率，并且能通过购买市场服务的经验来提供政府自身技能。

第二个分类中，可能出现竞争的领域是占现在政府支出51%的医疗、公共交通、教育等。对这些领域可以导入新的商业模式，从规则保护状态转为基于竞争原则的优胜劣汰。为此，公共部门必须进行以下三种意识改革。

第一是由市场来选择服务水平及其提供者，而不是由非政府预算来选择。比如在瑞典，医院并不是从地方自治体来获得直接收入，而是通过与其他医院的竞争来为地区内的健康促进中心提供服务，从这些中心获取收入。各中心可以自主选择医院，而患者也可以选择服务最好的中心。

第二是将自然垄断的领域和可能出现竞争的领域分开讨论。生产经济规模较大，处于自然垄断状态的领域，比如电力、通信、铁道等基础建设可以保持国有状态也不错，但如果出现竞争的可能性，那么也会产生其他问题。

例如电力通信领域，随着放松管制，各国垄断企业民营化，在机器与服务方面，公共部门正在进行结构调整。这时就要求规则主体与事业实施主体分离，保持手续的客观性与透明性。并且由自由竞争带来移动电话和卫星通信等的技术革新，以及出现大量的新加入企业，让行业更具活力。

从丹麦的电力行业来看，输电与配电不仅处于自然垄断状态，而且由于发电方式与其他斯堪的纳维亚各国不同，所以完全没有竞争，也并没有带来经济上的利益。这种情况需要做费用设定相关的经营努力。

导入新经济模式的范例是丹麦、德国、瑞典的铁路系统。比如在瑞典，虽然基础设施处于自然垄断状态，但铁路输送事业的运营还是按照竞争原理来进行。各路线设置损益管理单位，对于不赚钱路线，政治家则有可能面对或者是废止或者是给予补助金让其继续运营的选择。

第三是将商业系统由政府主导型转为市场目的型。对于能够实现有效的民间委托的事业，可以选择新的商业模式。比如让损益管理单位明确其责任，就能避免多余的补助金。并且通过导入私企型运营，还能让竞争帮助内部效率化，便于制定成长战略。

控制官僚统制，扩大自我责任

第三种分类是竞争毫无意义的领域，包括政府的内局、国防、警察和电力、煤气等自然垄断部分，也就是国家的传统部分。这样的领域需要进行公共服务的结构调整，确定中央政府的正统性、必要性，重新定义其新的职责。因为以受益者所重视的效率化为目标导入新的商业模式后，管理模式也要随之变革，向减少官僚体制、提高自我责任的方向发展。

政府必须应对军事形势的变化等外部因素变化。比如随着电力通信自由化出现的垄断企业体的分割、德国局势缓和所带来的军备配置变更、伴随 EC 一体化出现的医疗服务提供责任向 EC 转移等。政府在定义其新职责时，也必须明确自己能提供的价值、作为组织的应对能力及守备范围。

要实现公共服务的效率化，积极的管理是不可或缺的。要从"官僚主义、扩大平均服务、政治性管理"转为"自我责任、市场目的、商业意识"，外部刺激所促进的意识改革是必不可少的。

公共部门的重组会引发变革，让其面对持续提供有效服务的挑战。为此必须看清国民需求和竞争可能性等状况，以组织理念为基础导入适合的商业模式，培养具有技术的人才，而这些改善过程需要能发挥主导权的积极型领导者。

泉比砂志

原题 "Manageing and Restructuring the Public Sector:the Challenge of the Decade"

作者 Niels de Coninck-Smith（哥本哈根事务所负责人）